SDGs自治体白書2022

真のSDGsに取り組む秘訣

編著：中口毅博・小澤はる奈
編集協力：環境自治体会議環境政策研究所

はじめに
―1人のスターと1000人のファンが導く真のSDGs―

　千夜一夜物語（アラビアンナイト）という物語がある。昔、街の生娘を宮殿に呼び一夜を過ごしては翌朝にはその首をはねるという残酷な王様がいた。そこにシェヘラザードという大臣の娘が名乗り出て、命がけで、毎夜、王に面白い話を語る。王は話の続きが聞きたくてシェヘラザードを生かし続けて1000日。ついに王は、殺すのをやめてしまったという物語である[1]。原典を読んだことはないが、ロシアの軍人、兼大作曲家であるリムスキー・コルサコフ作曲の交響組曲「シェヘラザード」では、多彩な管弦楽で物語の情景を見事に表現している。

　さて、ロシア・ウクライナ戦争をはじめとする国際紛争や環境破壊によって多くの地球上の"いのち"が奪われている。時間はかかるが、武力ではなく、"1000日間語る"ことで問題解決に導く根気を我々は持っていなければならない。それは我々の代だけではたどり着くことができない、遥か先のゴールであるかもしれない。だが、世界が当座の短いゴールとして設定した「SDGs」を達成しなければならない。

　ところで「ヤクルトスワローズ」が2年連続でセリーグ優勝を決めた。2連覇の前は2年連続最下位であった。実は私は「産経アトムズ」の時代からのファンであり、その頃はBクラスが定位置だった。常勝巨人にコテンパンにやられ、主力選手をフリーエージェントで持っていかれる弱小球団だった。私のようにそういった時代からずっと応援し続けているファンは、高津監督の「ファンの皆さんもチームスワローズの一員です」という言葉に感激したことだろう。

　世の中はSDGsばやりである。1990年代は自治体のISO14001認証取得がブームであったが、その頃は野村監督がヤクルトを常勝軍団にした時代である。3冠王や56本塁打を達成した"村神様"こと村上宗隆選手のようなスターが出たり、優勝したりすれば、多くの人が、にわかにヤクルトファンになってくれる。しかしこのような"なんちゃってファン"は、勝てなくなると引き潮のごとく、さっといなくなってしまう。SDGsについても、"SDGsウォッシュ"と言われるように、見せかけだけ取り組んで、時間が経てば熱が冷めるような一時的な高揚に終わることが懸念される。

　だが私は、この社会現象を肯定的に捉えたい。SDGsのバッジを付けて街を歩いている人や、膨大な広告費をかけてCMを打っている企業は目立つ。しかし"村神様"には目立ってもらいたい。目立つことでファン＝SDGsの取組の裾野が広が

1）　千夜一夜物語のウィキペディア,https://ja.wikipedia.org/wiki/%E5%8D%83%E5%A4%9C%E4%B8%80%E5%A4%9C%E7%89%A9%E8%AA%9E,2022年10月18日閲覧.

る。裾野つながりで、トヨタが静岡県裾野市に開発中の実験都市「ウーブン・シティ」のような先端技術にも期待したい。

　一方で、昔から地道に地域を守り育てる活動を続けてきた人や組織に、もっと光をあてることも重要である。そして野菜や料理のおすそ分けをするとか、おじいちゃん、おばあちゃんの話し相手になることも、地域の持続可能性を高める立派な社会活動であると思う。

　さて本書は序章において、真のSDGsについてTOPIC（Target：目標設定、Outcome：アウトカム、Partnership：協働活動、Inclusion：包摂性＝誰一人取り残さない、Complexity：複合性）のいずれかを備えた取組を「真のSDGs取組」と定義し、真のSDGs自治体に移行するための道筋を示した。1章では、エネルギー分野に焦点をあて、地域エネルギー事業の事例を紹介しながら、真にSDGsな地域エネルギー事業とは何かを整理した。第2章では、自治体のSDGs達成活動として、北海道下川町、富山県南砺市、東京都日野市、福岡県北九州市の事例を取り上げ、第3章では、市民・企業のSDGs達成活動として、空き家バンク、貧困家庭の子ども支援、観光業におけるSDGs推進に官民連携で取り組んでいる事例を取り上げた。そして、第4章では、"料理のおすそ分け"や"お年寄りの話し相手になる"ことも含めた「活動人口」を推計し、活動人口を増やす施策の方向性など「活動人口」を目標とした持続可能な地域づくりについて提案した。

　NHKニュースもAIの機械音声が読む時代である。シェヘラザードに似たキャラクターがメタバース（3次元の仮想空間）で登場し、1000夜、物語を話すのも面白い。次世代の感性による語り＝SDGsの取組を、我々世代は根気よく応援し続けたい。そして"シェヘラザード""村神様"のような1人のスターが1000回語る一方で、そのファン1000人が"おばあちゃんの話し相手"になる複層的な社会を目指して、私も実践の手を緩めることなく突き進んでいきたい。

　最後に刊行が大幅に遅れたことを読者にお詫びするとともに、辛抱強くお付き合いいただいた㈱生活社の廣瀬氏に感謝申し上げる。

2022年10月18日

芝浦工業大学教授、環境自治体会議環境政策研究所長　中口毅博

目次

序章　真のSDGsに取り組む秘訣

真のSDGsに取り組む秘訣

―TOPIC（トピック）に取り組む

NPO法人環境自治体会議環境政策研究所　所長　中口　毅博

1　はじめに

　まちを歩いていると、SDGsのピンバッジをつけている方々によく出くわす。その方々をみると、この方の組織はどんな取組をやっているのか、本当にそのピンバッジをつけるに値する活動をやっているのか、疑問に思う方も多いかもしれない。「SDGsウォッシュ」という言葉をご存じの方も多いであろう。SDGsウォッシュとは、SDGsに取り組んでいるという看板を掲げながら、見せかけだけで中身がないことを指している。

　自治体においても「SDGsウォッシュ」とまでは言えなくても、総合計画や地域創生総合戦略の施策・事業とSDGsのゴールを"ヒモ付け"しただけで、「うちはSDGsに取り組んでいる」と言っているケースも多い。SDGs未来都市に指定されている自治体ですら、企画部門や一部部署だけが取り組んでおり、全ての部署でSDGsを意識しているとか、部署横断的に取り組んでいるという自治体はほんの一握りである。

　では、新しい事業を実施しないとダメなのか？　そんな予算も人もいない…。それではどうすれば良いのか？　予算や人をほとんどかけずとも、既存の取組をリニューアルすることで、たちまち"SDGs的"な取組に変貌させることは可能だというのが筆者の主張である。

　そこで本論では真のSDGsについて持論を展開した上で、"SDGs的"な取組にリニューアルする秘訣について紹介したい。

2　既存の取組とSDGsとの紐づけ

　既にやっている取組をSDGsと紐づけることを否定しているわけでない。SDGsに取り組む第一歩としては有用であると考える。紐づけを行うプロセスを通じ、SDGsを理解し意識することになる。また、自分たちでは気がついてないが、実はSDGs達成に貢献している部分があることに気づくこともある。

　筆者は埼玉県川越市で学生とともに企業のSDGsの取組を取材し、5分程度の動画にまとめている[1]。この際に取材した企業の取組を、「仕事」「仕入れ・生産・廃棄」「建築設備・空間」「地域連携」に分けて整理してみると表1のようになった。

　これらの企業におけるSDGsの取組は、私や学生が取材をする過程で発掘したものである。取材先が「うちではまだ何もやってない」と思っていても、何かしら当てはまるものが必ずあった。したがって、まず紐づけすることは大切である。

　仕事の面では女性や外国人の雇用促進や、相談相手を設置することもSDGsと結びつく。仕入れ・生産・廃棄の時に廃棄物減量やリサイクル、設備の長期使用、省エネ、それにもちろん、汚染物質を出さないということもSDGsと結びつく。さらに、事務所や工場の建物とかその敷地内で子どもやお年寄りが使いやすい建物にしているとか、緑地・自然共生空間や太陽光発電パネルなどの再生可能エネルギー設備の設置、住民の交流スペースの設置など、すでにSDGs達成に貢献する取組はたくさんある。地域連携の視点からは講座や芸術文化鑑賞の機会を住民に提供したり、従業員の方がその地域活動のイベントに参加する、あるいは直接参加しなくても物的資金的な支援をするということもSDGsの取組に値する。

---

1)　次世代SDGs研究会 (2020) SDGs川越のしごと紹介2021年版. http://nakaguchi.eco.coocan.jp/public_html/2021/10/09/kawagoe-job_2021/,2022年9月2日閲覧.

表1 川越市内の企業のSDGs取組例

区分	取り組み	SDGs
仕事	新入社員のブラザーシスター制度	4
	女性に働きやすい職場	5
	外国語マニュアルの作成	10
	技能実習生の相談員設置	10
仕入れ、生産、廃棄	建築資材の原料・リサイクル	12
	長寿命製品の生産	12
	廃棄食品の肥料化	12
	保存食の販売	12
	失敗・破損した陶器の使い回し	12
建築設備、空間	子どもやお年寄りが使いやすい建物	3
	誰でも入りやすい店づくり	10
	緑地・自然共生空間の設置	11
	街並みと調和する建物	11
	電気自動車の蓄電池利用	11
	太陽光発電パネルの設置	13
	交流スペースの設置	17
地域連携	子ども食堂への寄付	1
	鰹節作り方講習会の開催	4
	陶芸教室の開催	4
	紙・印刷の文化伝承	8
	地域活動・イベントへの参加	11

3 真のSDGsの取組 "TOPIC（トピック）"

次のステップとして、真のSDGs的な取組について述べよう。

持続可能な開発のための2030アジェンダ（和訳）を読み返してみると[2]、いくつかのポイントがあることがわかる。このポイントを取り入れることこそ、筆者の言う"SDGs的"な取組である。

2) 外務省(2015)我々の世界を変革する：持続可能な開発のための2030アジェンダ(仮訳),https://www.mofa.go.jp/mofaj/files/000101402.pdf, 2022年9月2日参照.

表2　真のSDGsの取組 "TOPIC（トピック）"

略称	項目	内容	取り組み例
Target	ターゲット＝具体的な目標設定	数値的な目標を設定し、進捗状況を把握・評価し、公表する（PDCAサイクル）	環境や人権や労働、社会貢献などの数値目標を含め、予算査定や政策評価システムに組み込み、公表する
Outcome	アウトカム＝社会的効果	自分の組織や利害関係者の持続可能性だけでなく、社会全体の持続可能な発展に効果が出ている、あるいは効果のある取り組みを実践していること	調達品を製造段階で環境や人権に配慮したものに変更する
Partnership	パートナーシップ＝協働活動	取引先や異業種、地域住民や市民団体、学校や若い世代と協働活動	自組織だけで行っていた活動を、取引先や住民組織などにも声をかけ、一緒に実施する（または参画する）
Inclusion	包接性＝誰一人取り残さない	女性、子ども、貧困層、障がい者、外国人に対象を拡大	一般社会人対象に行っていた講座を、障がい者、ひとり親世帯、外国人対象が参加できるようにする、または専用講座を開設する
Complexity	複合性＝課題の複合的な解決	環境問題だけでなく、人権問題、地域経済や地域社会の課題を同時に解決	本業で発生する余り物を寄付したり、それを使った講座やイベントなどを企画・参画する

　私は、語呂合わせが好きなので、ここでも語呂で示そう。すなわち、真のSDGsの取組とは "TOPIC（トピック）" である。すなわち、TはTarget（目標設定）、OはOutcome（アウトカム）、PはPartnership（協働活動）、IはInclusion（包接性＝誰一人取り残さない）、CはComplexity（複合性）である。これらのいずれかを備えた取組こそが、「SDGsに取り組んでいる」と語るにふさわしいと考えている。これをまとめたものを表2に示した。

(1) Target　ターゲット＝組織の特性に合わせた具体的な目標設定

　ターゲットとは、ここでは具体的な目標＝指標や数値目標のことを指している。SDGsは17の目標とともに、それをさらに具体化した169のターゲットが設定されている。17の目標は抽象的なものであり、自組織で取り組みたいと思っている内容がどこに当てはまるのか、分からない場合も多い。また169のターゲットまで見ても、あてはまるものがない場合もある。国連の定めたSDGsは世界の共通目標であり、主に発展途上国の貧困や人権問題をターゲットにしたMDGsの流れを汲むものであるので、日本の課題とずれている部分があるのは当然であろう。内閣府が地方創生SDGsローカル指標リ

ストを公表しているが³⁾、これも国連SDGsを地域レベルで実現する際の指標という線からは逸脱しておらず、適当なものが見つからないことが多い。例えば地域住民の方々とパートナーシップで清掃活動を進めたいとする。しかし17番目のゴールはグローバル・パートナーシップを目指した目標であるので、ターゲットを見ても国を超えた協働活動ばかりである。

そこで私は、新たなゴール、新たなターゲットを設けても何ら差し支えないと考える。例えば私は18番目のゴールとして、「心を豊かに」を提唱している。これは音楽や美術などの芸術、能や文楽など日本古来の伝統芸能に関して、17のゴールに当てはめることが難しいからである。パートナーシップ清掃活動については「地域住民と連携した環境活動を年○回実施する」というターゲットを設定してしまえばいいのである。

福井市越廼(こしの)地区にある越廼中学校は「越DGs」(こしでぃーじーず)を地域住民の方と考えた⁴⁾。越廼を持続可能なまちにするためのゴールを自らが考えることこそが真のSDGsのローカライズと考える。

このように数値的な目標を設定し、進捗状況を把握・評価し、公表するといったPDCAサイクルを回すことが重要である。自治体で言えば、総合計画の進捗管理や事務事業評価などの行政評価システムの中に組み込んで、SDGsに配慮された取組になっているかどうかを点検したり、予算査定の際に活用することが考えられる。これら一連の目標設定・評価結果を公表することで、SDGsに取り組んでいることを"見える化"することで初めてSDGsに取り組んでいる組織として外から認知されるものと考える。

(2) Outcome　アウトカム＝社会的成果

ここでいうアウトカムとは成果を意味するが、真のSDGsの取組として期

3)　内閣府(2019)地方創生SDGsローカル指標リスト.
https://www.chisou.go.jp/tiiki/kankyo/kaigi/h30lwg1/shiryo1.pdf
4)　毎日新聞(2021)「越DGs」で古里持続へ　福井・越廼中学校. 2021/8/7地方版,https://mainichi.jp/articles/20210807/ddl/k18/040/265000c.2022年9月2日閲覧.

待するのは"社会的な"成果である。これは、自分の組織のための維持・発展や、利害関係者（顧客）の便益を維持・増大させるという観点だけでなく、社会全体の持続可能な発展に貢献するような取組を進めるということである。

しかし自治体はもともと地域住民が顧客であり、単なるインプット（例えば環境イベントの開催数）やアウトプット（環境イベントの参加者数）ではなく、それによって地域の環境がどれだけ維持・改善されたかといったアウトカムが求められることはこれまでも指摘されてきたところである。

自治体にとっての社会的成果とは、通常、地域内で居住・活動する者や組織に対して利益があるものだが、SDGs的な視点を入れると、地域とは直接的な関わりのない、例えば遠く離れたアフリカの人々の生活・人権や、アマゾンの奥地の生き物たちの生息環境維持に役立つような取組をするということもあってかまわない。

こんなことはできるわけがないし、住民の理解が得られないと思われるかもしれないが、そんなことはない。グリーン購入やグリーン調達が考えられるではないか。役所で購入する物品や資材を、生産や採取の段階で環境や人権に配慮したものに変更するだけで、十分SDGs的な取組になると言える[5]。

(3) Partnership　パートナーシップ＝協働活動

同じ活動であっても、外と連携して行うことで社会に波及する、これがSDGs的な発想である。

まちを歩いているとオフィスのまわりの道路で近くの企業の職員の方がごみ拾いをしているのを時々見かける。とても良いことをしていると感心するのだが、一方で、もったいない、と思う。ごみになったものがもったいないのではない。同様のことを自治会がやっているのに、一緒にやればいいのにと思うのである。つまり、自組織だけで行っていた活動を、取引先や住民組織などにも声をかけ、一緒に実施する。あるいは住民側の活動に参画すると

---

5)　中口毅博(2020)地域レベルの持続可能な消費と生産－ローカルSCP推進の秘訣 －. グリーン購入ネットワーク コラム Vol.4、p1-7. https://www.gpn.jp/

か、物的・資金的な支援をすることで、SDGs的な活動に様変わりすると考えられる。

　行政の立場から言えば、行政主体で実施していたイベントを協働で実施することが考えられる。企画段階から住民や若い世代が入った実行委員会方式にしているものは結構あるのだが、アイデアを出すだけで実施するのは行政任せというケースがよく見られる。住民や学生が運営するコーナーや企画を実施することを原則としていくことで、実行段階でのパートナーシップを担保しておくといいのにと思う。

　また、行政が企業と住民や若い世代の繋ぎ役となることも考えられる。例えば前述のごみ拾いを例に取ると、自治会が行政の実施するごみゼロ運動に参加しているならば、企業にも一緒にやりませんかと声をかける。実施日を平日に変える必要があるかもしれないが柔軟に対応する。一緒に歩きながらする雑談の中から、「これも一緒にできるんじゃないか」という話になればしめたものである。

　また近年、市民提案型事業というものを多くの自治体で実施しており素晴らしいと思うが、市民が実施する取組を行政が後押ししているものがほとんどで、これだけではもったいないと思う。行政がこれまで単独で実施していた事業の中で、パートナーシップで実施したい事業をピックアップして、市民に協働活動化の提案をしてもらってはどうかと思う。市民が行政と住民・企業・学生の繋ぎ役になるのである。

　以上のような形に発展させることによって、マンネリ化した事業もSDGs的な活動に様変わりしていけると思う。これらは予算や物理的な手間はかからないが、それよりも精神的なハードルがあるのが課題である。つまり実施者が「自分ひとりでやる方が楽。あの人と話さなければならないのか」という気持ちは乗り越えなければならない。

(4) Inclusion　包接性＝誰一人取り残さない

　何らかのハンディキャップのために普通の暮らしができない人に対してど

うサービスを届けるのかを考えていくと、結局新たな予算や人を増やさないといけないという結論になってしまう。しかし本論では既存の取組を少し変えるだけで実践できるSDGs的な取組を考えてみたい。

認定NPO法人カタリバが戸田市と連携して不登校生ためのメタバース（コンピュータ上の仮想空間）を開発し、「メタバース登校」を認めているというが[6]、先端技術を用いて子どもたちの選択肢の幅を広げている素晴らしい取組である。これこそが「誰一人取り残さない」SDGs的な取組と言えよう。

学校教育だけでなく、行政も公民館などで行っている生涯学習講座、"まちゼミ"など[7]企業や商工会議所などが行っている講座を、障がい者、ひとり親世帯、外国人対象が参加しやすいように改良することを考えてみると良い。

子育て層の参加のために託児所を設けるのは一般的であるが、費用や手間がかかる。さいたま市のe公民館（おうちこうみんかん）のように、コロナでリモート参加できる講座も増えてはいるが[8]、セキュリティの問題もあり進んでいない自治体も多い。前述のようにメタバースを利用すれば家の中を見られずに対面の臨場感も得られ、家事をしながら参加できるようになる。こういうノウハウがなければ、まさに市民提案事業でITが得意の学生などに提案してもらえば良い。学生側もこれを機に学生ベンチャー企業を設立すれば、若い世代による地域活性化にも繋がっていくと思う。

(5) Complexity　複合性＝課題の複合的な解決

筆者は環境政策から入って地域創生問題に取り組んでいるが、環境問題の解決だけでなく、人権問題、地域経済や地域社会の課題を同時に解決する取

---

6)　今村 久美(2022) 戸田市と連携し『誰一人取り残さない』を実現できるか実証していく．カタリバマガジン252, 代表のつぶやき，
　　https://www.kataribaor.jp/magazine/article/voice220804/　,2022年9月2日閲覧
7)　全国一斉まちゼミ世話人会(2022)全国一斉まちゼミ https://machizemi.jp/,2022年9月2日閲覧
8)　さいたま市(2022) e公民館（おうちこうみんかん）〜いつでも　どこでも　どなたでも〜．
　　https://www.city.saitama.jp/003/003/001/p072529.html,2022年9月2日閲覧

組になっているかを考えて活動するようになった。

　企業で言えば廃棄物発生抑制という環境問題に取り組みながら、余った食材をフードバンクに寄付したり、製造工程で出た端材を使った工作を行う講座やイベントなどを企画・参画することが考えられるだろう。これを高齢者介護施設で行ってみても良いだろう。老化防止によって健康寿命を延ばすということに貢献しながら（SDGsの3番）、企業と高齢者介護施設のコラボ（同17番）で企業の認知度向上に役立ち（同8番）、廃棄物も減らせる（同12番）と"一石四鳥"を狙えると言えよう。

　本書では、再生可能エネルギーの取組事例を紹介しているが、CO_2削減と同時に環境問題以外の地域課題の解決を図るような視点を持ったものと言えよう。

4　むすび　"SDGsマインド"をもった人材育成

　本論では真のSDGsについて持論を展開した上で、"TOPIC（トピック）"、すなわち、Target（目標設定）、Outcome（アウトカム）、Partnership（協働活動）、Inclusion（包接性＝誰一人取り残さない）、Complexity（複合性）の考え方と"SDGs的"な取組にリニューアルする秘訣について紹介した。ちょっとした工夫でリニューアルが可能なことがお分かりいただけたであろうか？　これらは筆者の活動実践と取材に基づいたものであるから、机上の空論ではないと思う。

　しかしこれらを実施するには、やはり人が必要である。"SDGsマインド"をもった人材を育成するか、入社前からそのようなマインドを持った人材を登用するかがポイントである。あるいは外の協力を得ながらも職員が主体的に実施するような体制づくりを切に望みたい。そして「SDGsに取り組んでいる」と語るにふさわしい組織が1つでも増えるために、筆者も実践活動を継続していきたいと考える。

第1章　地域課題の解決に資するエネルギー事業

地域課題の解決に資するエネルギー事業

NPO法人環境自治体会議環境政策研究所　理事長　**小澤 はる奈**

概説：真にSDGsな地域エネルギー事業とは

　世界的な脱炭素への動きが加速化する中、国内では2050年までに温室効果ガスの排出量を正味ゼロとすることを目指す「ゼロカーボンシティ」を宣言する自治体が急拡大している。2022年8月31日時点で766自治体がこれを表明しており、人口総数では約1億1,853万人に達した[1]。国内の温室効果ガス排出量のうち84％をエネルギー起源CO_2が占めている現状[2]から、脱炭素とエネルギー転換は不可分であり、エネルギー転換がゼロカーボンシティ施策の中心的課題になることは自明である。

　2021年6月には地域脱炭素ロードマップが示され、この中で脱炭素を実現するための重点施策の一つとして「地域共生・地域裨益型再エネの立地」が掲げられた。地域循環共生圏・ローカルSDGsとも方向を一にするものとして、地域資源を活用した、地域課題の解決に資する形の再生可能エネルギー導入＝地域エネルギー事業への関心が高まっている。

　一方で、再エネ発電に絡むトラブルの報道は後を絶たない。大雨時にメガソーラー敷地から濁水が流出した、住民の同意を得ぬまま住宅地近傍にメガソーラーが建設されたなど、地域住民が不利益を被るようなものから、大規模木質バイオマス発電所における輸入バイオマスの問題や風車建設による野

1）　環境省　地方公共団体における2050年二酸化炭素排出実質ゼロ表明の状況, https://www.env.go.jp/policy/zerocarbon.html, 2022年9月16日閲覧

2）　環境省・国立環境研究所　2020年度温室効果ガス排出量確報値, https://www.env.go.jp/press/110893.html, 2022年9月16日閲覧

生生物営巣地の破壊など、他国の住民や生態系といった目に見えない被害を生むものまで多岐にわたる。さらに、電力卸売価格の高騰を受けて新電力の事業撤退が相次いでいることもあり、地域でエネルギー事業を進める阻害要因ばかりがフォーカスされている感すらある。

　本章では、こうした地域エネルギー事業を取り巻く閉塞感を打ち破るような事例を紹介する。いずれも地域裨益化型、すなわち地域の課題解決や活性化に資するメカニズムを内包する、あるいは課題解決・活性化を前提とする形で、再エネの生産や供給が実践されている取組である。

地域エネルギー事業における "TOPIC"

　本書の序章にて、「真のSDGsの取組」の要素として "TOPIC" が示された。T（Target：目標設定）、O（Outcome：アウトカム）、P（Partnership：協働活動）、I（Inclusion：包摂性＝誰一人取り残さない）、C（Complexity：複合性）のいずれかを備えた取組を「真のSDGs取組」とするものである。

　ここでは "TOPIC" の各観点から、次節以降で紹介する各事例の特徴を整理する。次節からの具体的な事例を読んでから本項に戻っていただくのも良いだろう。

Target（目標設定）

　地域エネルギー事業で設定される目標としては「太陽光発電で年間○kWh供給する」「再エネへのシフトによりCO_2を○t削減する」などがあるだろう。フォレストエネルギー新城は、市内温泉地の重油ボイラーを薪ボイラーに代替することで年間215tのCO_2を削減している。

　化石燃料代として地域外・国内に流出している資金を地域に取り戻す、という目標設定もあり得る。三河の山里コミュニティパワーは、豊田市内の山間地域が支払う年間の電気代25.5億円を地域内に循環させることを目指している。

Outcome（アウトカム）

　地域エネルギー事業のアウトプット（直接的成果）として再エネ発電所の数や出力、小売事業の場合は契約件数や供給量が挙げられるとすれば、アウトカム（社会的成果）としては雇用、所得、交流などがある。

　フォレストエネルギー新城は、事業を実施する上で5名の雇用が生まれた。さらに、下請け業者や原木供給者（林業事業体等）の新たな仕事が生まれている。

　生活クラブエナジーは、地方の再エネ資源で発電した電気を主に都市部の生協組合員に供給しているが、発電産地と組合員の交流、発電産地で生産した食料品の新たな共同購入など、地方と都市部の交流機会を拡大している。

　横浜市と会津若松市の連携では、横浜市内の需要家が会津若松市の風力発電の電気を使うことで、会津若松市で地域活性化事業に取り組む団体の活動資金を生み出している。

Partnership（協働活動）

　本章で取り上げた4事例は、いずれも複数のステークホルダーによる協働がなければ実現しえないものであった。

　三河の山里コミュニティパワーは、豊田市と中部電力グループとの協力関係を構築したことで、小売事業を開始することができた。売電収益を活用して地域活性化プロジェクトを実施しているが、補助金として地域にお金を渡すだけでなく、プロジェクトに必要な知見や技術、外部のマンパワーとの繋ぎ役まで担っている。

　生活クラブエナジーは、主に生活クラブ生協で扱う農畜産物等の産地で再エネ開発を進めている。生産者など発電産地の地元関係者を含む事業体を構築して発電所を建設している。組合員がこの再エネ電気を使うこと自体が、都市部の組合員と地方の発電産地との協働であるとも言える。

Inclusion（包摂性＝誰一人取り残さない）

　三河の山里コミュニティパワーの事業は、山間地域に住む高齢者の暮らしを支えるプロジェクトに端を発している。一人暮らしの高齢者、住民が減っていく集落の暮らしが成り立つように、小売電力事業の収益を活用して見守りサービスや地域支援を実施している。まさに「誰一人取り残さない」地域づくりの手段として、小売電力事業を利用している。

　近い将来の実現を志向したものとしては、生活クラブエナジーの事業も同様と言える。遊佐町のメガソーラーを核とするエネルギー事業は、遊佐町を含む「庄内FEC自給ネットワーク構想」の一部に位置づけられている。エネルギー事業によって庄内地域に資金を戻し、この資金で福祉をサポートすることで、包摂性の高い地域を構築することをも目指している。

Complexity（複合性）

　本章の事例選定にあたり、最も重視した視点がComplexity（複合性）である。再エネを生産することで、あるいは利用することで、エネルギー・気候変動以外の地域課題の解決に繋がることが明確に説明できる事例として、4事例を選定した。

　三河の山里コミュニティパワーの事業は、重複を含むが、小売電力事業の収益を活用して高齢者の生活支援や地域活性化プロジェクトを実行するものである。目的はあくまで高齢者支援・地域活性化であり、その資金を創出する手段として小売電力事業が選択されたに過ぎない。

　フォレストエナジー新城は、脱炭素の進展と森林整備を同時解決するため、未利用材を利用した薪ボイラーが採用された。どちらかが主・従という関係でなく、需要（熱）と供給（木材）が両方手に入ることが見えて、自然に構想が生まれたと言っても良いかもしれない。もちろん実現までには幾多の課題があったが、地域を見つめた結果、当然の掛け合わせとして事業化に至ったように感じられる。

　生活クラブエナジーは、エネルギーも生活に欠かせない「消費材」の一つ

であり、食料品等と同様に環境・社会に負荷をかけずに得られるべきものと捉えている。しかし、都市部にエネルギーを供給するためには地方の資源を活用せざるを得ない。そこで、基金造成や寄付つきメニューという手段で、発電産地に明確なメリットを示すための仕組を構築している。都市部の組合員が支払った電気代の一部が、発電産地の環境保全や福祉・コミュニティに役立つことで、エネルギーに対する理念を体現していると言ってよいだろう。

　横浜市と会津若松市の関係からも、類似のことが見い出せる。横浜市がゼロカーボン目標に向けて再エネ利用を拡大するほど、会津若松市には地域活性化資金が入ってくる。会津若松市内では、この資金を活用して温泉街の活性化や環境保全活動が実施されている。どのようなプロジェクトが地域のためになるか、企画段階からサポートを受けることもできる。「再エネを売る・買う」だけでなく、より意義深い需給関係が生まれている。

地に足をつけ、繋がりを紡ぐ重要性

　このように整理すると、本章で取り上げた4事例は「真のSDGsの取組」の要素を複数持っていることが分かる。Partnership（協働活動）があるからComplexity（複合性）が担保され、Outcome（アウトカム）が得られるなど、要素同士の連環もある。各事例が事業化（構想の実現）に至るまで、それぞれにステークホルダー間あるいは地域間の繋がりづくりに腐心してきたプロセスがあり、このことが各要素を満たし、また要素間の相乗効果をもたらしていると考えられる。

　前述した再エネ開発や電力事業に関わる諸問題は、その多くが「地域不在」に由来していると思えてならない。自地域のエネルギー需要以上の再エネポテンシャルを有する地方都市も少なくない中、再エネ立地（可能性）地域では脱炭素の必然性が理解されることと合わせて、再エネ開発によって地域に何が起こるのか、どう生かすべきかを、地域住民自らが議論することが必要である。一方、地方の再エネ供給を受ける大都市部では、その再エネがどのように生み出されているのか、支払った代金がどう使われるのかにまで思い

を馳せるべきであろう。再エネ大量導入の旗振りの下、大規模な開発事業がかつてないスピード感で進んでいるが、地に足の着いた議論を置いてけぼりにしてはならない。

　以降の各項では、地域の課題解決に資するエネルギー事業の枠組やプレイヤー、資金の流れ等をまとめている。本章の記述が、真にSDGsな地域エネルギー事業を構築しようとする地域に役立てていただければ幸いである。

1　三河の山里コミュニティパワー（愛知県豊田市）

　豊田市の中心市街地から車で約30分の山間地域で、2019年6月に地域新電力会社が誕生した。三河の山里コミュニティパワー（通称「MY（マイ）パワー」）は、医療機関での取組が基盤となって設立された、珍しい新電力である。

　MYパワーでは、助け合いによって地域の持続可能性を高めることを主眼としており、電力事業はその手段であることを明確に位置づけて発信している。

出典：さんさんレター 2021.11.1 発行（MYパワー）

図1.1　おたがいさま電力の仕組

（1）地域新電力としての事業

　MYパワーの試算によれば、豊田市内の山間地域が支払う電気代は年間約25.5億円。従来流出していたこの資金を地域内で循環させ、地域課題の解決に役立てることが小売電力事業の目的である。

大多賀地区での農業支援（MYパワー提供）

　小売電力事業を開始した2019年から約1年で、豊田市が山間地域に所有するほぼ全ての公共施設725カ所の電力契約がMYパワーに変更された。その後2021年から、MYパワーのビジョンに共感する企業や団体、個人に対しても電力販売を行っている。

　現在のところ、電力の主な調達先は中部電力ミライズグループの小売電気事業者であるが、地域内に独自の電源を確保することも進めている。中部電力ミライズは電力販売の点では競合会社となるが、後述する経緯から協力関係が築かれている。

　特徴的な仕組として推進されているのが「おたがいさま電力」である。集落単位で、地区内の家庭や事業所にMYパワーへの電力切替を依頼し契約先を集約、支払われた電気料金から得られる利益の一部を集落に還元し、これを地域課題の解決に活用することができるものだ。

　すでに一部の地域で始まっている自治活動の例としては、大多賀地区における農福連携活動がある。11haの農地が全て耕作放棄地になってしまったこの地区では、地域外の福祉団体が草刈りや田植えなどを支援することで、農地の復活を目指している。障害を持つ利用者の就労先を確保したい福祉団体

のニーズと、農地の維持管理に人手を要していた地域の事情を、MYパワーが繋いで実現したものだ。敷島自治区では、全住民アンケート調査を実施し、生活の中での困りごとを抽出・分析した。地区内で困っている人と手伝いたい人をマッチングし、地域内では足りない手を地域外に求めていく仕組の運営が始まっている。「多者協働」、「相利性」と社会関係資本の活用をキーワードにしたこのような活動で、地域の自治力を高めるための資金として売電収益を活用しようとする仕組である。

　様々な地域活性化事業の原資として、小売電力事業の収益を上げていくことは重要になるが、MYパワーは単純に電気の「販売先を拡大する」ことは考えていない。コロナ禍で難しさがあるものの、スタッフが各自治区の会合に出向き、事業の目的や仕組を丁寧に説明している。

　重視しているのは、地域住民自身が地域の課題に気づき、自ら動くことが容易になるよう支援することである。そのためには頻繁なコミュニケーションが欠かせないという。

(2) 再生可能エネルギーの開発

「つくラッセル」内のソーラー・カーポート（MYパワー提供）

　まずは中部電力ミライズグループからの電力供給を受けて始まった小売電気事業であるが、事業の安定性・収益性や地域内経済循環の観点から、独自の電源が確保されていることが望ましい。MYパワーでは、小型ソーラー・カーポートを中心に再生可能エネル

ギーの電源確保を進めている。

　MYパワーの拠点である足助病院の駐車場には、第1号のソーラー・カーポートが設置された。その後、廃校になった小学校跡地に作られた地域の拠点施設「つくラッセル」に、第2号が設置された。ここでは合計11kWの太陽光パネルをカーポートに載せ、施設の自給電源として活用している。停電・災害時には地域に開放することも想定されている。

　つくラッセルは、高齢者が安全に運転しやすい超小型電気自動車を貸し出し、中山間地での移動を支援する取組である里モビニティ（山里×モビリティ×コミュニティ）の拠点となっている。「里モビ」と呼ばれているこの電気自動車への充電もソーラー・カーポートの活用方法の一つである。

(3)　地域新電力事業は「たすけあいプロジェクト」が起点

ア　たすけあいプロジェクトとは

　MYパワーの主要な事務所機能は、JA愛知厚生連足助病院の中にある。足助病院の名誉院長である早川富博氏が、MYパワーの代表取締役を務めている。早川氏は、当地で長年に渡り地域医療に尽力してきた。豊田市の中でも高齢化率の高いこの地域において、早川氏が重視してきたのは「地域住民の健康寿命に寄与すること」であったという。足助病院は、単に医療を提供するだけでなく、患者やその家族、地域住民が集えるようにと、様々な健康講座やサロンなどの催しを開催し、地域に開かれた病院であることを目指してきた。

　その中で、2015年より「健康見守りネットワーク」の取組が始まった。独居高齢者の自宅に人感センサーを設置し、宅内での動きを感知することで生活リズムが明らかになり、異常を検知した際には離れて暮らす家族やケアマネジャーなどに通知が届く仕組である。

　2016年に名古屋大学も参画し、「たすけあいプロジェクト」に発展した。健康見守りに加え、移動支援（ボランティアドライバーによる住民同士の移動の助け合い）と外出促進（高齢者向けイベント等）も含み、交通政策とし

ての位置づけを得て、豊田市から協力を得られるようになった。

　しかし、システム利用料やサーバー利用料などの負担が大きくなり、運営が圧迫されていく。当初は大学等の研究プロジェクトからの資金拠出もあったが、これは永続的ではない。利用者は高齢者やその家族であるため、利用料金を値上げしてもらうことも現実的ではない。そのような中で、財源として着目されたのが地域新電力事業であった。たすけあいプロジェクトに協力していた環境NPO代表の萩原喜之氏によるアイデアで、電力自由化の流れとタイミングが合致したのである。

イ　豊田市、中部電力の参画

　2017年5月、萩原氏の呼びかけに呼応した有志の集まりにより、豊田市長、新城市長に地域新電力事業の構想を提案した。その後、この構想を具体化するための検討組織として、一般社団法人三河の山里課題解決ファーム（ファーム）を立ち上げ、ファーム、豊田市、中部電力による意見交換会がスタートした。

　当時は電力自由化が本格化していた時期であり、大手電力各社では顧客の流出抑制が重視されていた。その一方で中部電力では、2018年3月に改定した経営ビジョンの中で「エネルギー事業に加え、「新しいコミュニティの形の提供」を新たな成長分野として確立し、収益の柱に育て」ていくことを掲げていた。電力自由化後の事業の柱として、社会課題を解決する姿勢を打ち出していたのである。早川氏が20年以上に渡り足助病院長として地域医療に携わってきたことを知った時、中部電力サイドの姿勢が大きく変わった。新規事業を実践するフィールドやノウハウを得られるとして、この枠組の一角を担うことになった。これにより、電力の調達先としてのみならず、IT技術を活用した高齢者見守りサービスの充実を進めるパートナーとなった。

ウ　株式会社設立へ

　2019年5月にファーム、豊田市、中部電力は三社協定を締結、その翌月に

株式会社三河の山里コミュニティパワーが設立された。

　株主構成は、ファームが71％、あいち豊田農業協同組合が15％、豊田信用金庫が10％、地域の個人・法人が4％となっている。地元農協と信金が株主として参画しているが、早川氏の地域医療における実績が認知されており、地域の信頼が厚い人物であったことが大いに効いているという。これらは議決権を有する普通株となっており、この他に議決権のない「志株」が地域外の個人・法人に対して発行されている。あくまで地域の主体が自律的に運営する組織であることを重視したものである。

　法人の事業内容には、①たすけあいプロジェクトの継承、発展、②山村地域等の課題解決のための新たなサービスの開発、実証、展開、③対象地域での電力の小売事業・再生可能エネルギーの普及促進が掲げられているが、この掲載順からも目的―手段の関係が明確にうかがえる。

　常勤・非常勤・パートタイマーを含め12名のスタッフのうち、7名が地元人材である（2022年8月末現在）。スタッフの中に電力事業の専門家はいなかったものの、2016年に全国30カ所の地域新電力を訪ねて学習したこと、また中間支援組織である一般社団法人ローカルグッドの協力を得たことで事業化を成しえたという。

（4）真の地域自治に向けて

　この地域では、耕作放棄地を利用した太陽光発電や、河川・農業用水路における小水力発電も可能性がある。MYパワーは、豊田市、中部電力に加え、地元の事業者、商工会、金融機関、大学なども参加する「地域ファイナンス研究会」を立ち上げた。太陽光・小水力・木質バイオマスについて分科会を設置して、再エネ開発のための具体的な検討を進めている。地域全体のエネルギー需要を再生可能エネルギーで賄おうとすると、250億円の投資が必要となる。これに対して地域の預貯金は一部山村3地域管内だけでも850億円に上るという。地元住民をはじめ多様なステークホルダーと組むことで、地域内に貯まった資金を投資に充て、「地域の人と地域のお金で」再エネ開発

を進めようとしている。

　MYパワーが目指すのは「田園回帰1％戦略」。人口を安定化させるため年間に地域人口の1％の定住増と、定住家族を養うため1％の所得増を狙うというものである。地域に雇用を生み出すための手段として、再エネ開発の工事もすべて地域で賄うことが重要だと考えている。

　課題となっているのは、住民の間に根強い「サービスの外部依存意識」であるという。住民生活や集落の機能維持に必要な要素は、かつては家族や地域で担ってきたが、今や手厚い行政サービス、便利な民間サービスが発展し、お金を払って誰かに解決してもらうことが癖になってしまっている。しかし、行政や民間企業も余力がなくなっていく中、この依存を取らない限り、中山間地域の未来は明るくない。家族・地域、行政、企業・市場の空白部分を補完し繋ぐことがMYパワーの役割であるとして、「真の地域自治を目指すためのトライアル」が続いていく。

【取材協力】
株式会社三河の山里コミュニティパワー　代表取締役　早川富博
　同　専務取締役　萩原喜之
　同　取締役　関原康成

【参考文献】
MYパワーHP（https://my-power.jp/）

2　フォレストエネルギー新城　（愛知県新城市）

　新城市の中央よりやや東部に、歴史的に名高い湯谷温泉がある。開湯は1300年前の奈良時代とされる。渓谷の景観が美しいこの温泉街で2018年、木質バイオマスによる熱供給が始まった。温泉の加温に使われてきた重油ボイラーに代わり、伐り捨て間伐材を用いた薪ボイラーを導入したのである。

　仕掛けたのは、新城市に派遣された地域おこし協力隊員。それに新城市が市の施策として取り組む形で応えたのである。豊富な森林資源に着目し、地域内の熱エネルギー需給調査と体制構築を丹念に進めた上で実現したこのプロジェクトは、エネルギー代金の地域外流出を止め、雇用確保という成果を着実に残している。

(1)　取組の背景

　新城市は愛知県東部に位置し、2005年に新城市、鳳来町、作手村が合併したことで豊田市に次ぐ県内第2の面積を有するようになった。

　ここに2015年に地域おこし協力隊として派遣されたのが、後に合同会社フォレストエネルギー新城を立ち上げる大西代表であった。担当分野は再エネ普及促進であり、当時、市が着手していた市内の公共施設における太陽光発電の屋根貸し事業が中心的な課題となっていた。新城市における再エネ取組について考える中、大西代表は豊富な森林資源に着目するようになった。

　新城市は市域の約8割が森林であり、市内に多くの林業家や製材事業者が存在している。しかし、林業経営体数は2005年からの10年で半減、全国的には85％が林業を縮小・廃止する意向を示している。国産材も需要減、価格低下が続いており、特に低質材に位置づけられるC材・D材は山から材を出すだけの利益を得られないため、未利用間伐材として山中に伐り捨てられている現状があった。

　一方で、木質バイオマス発電所の林立とも言える状態があった。沿岸部を

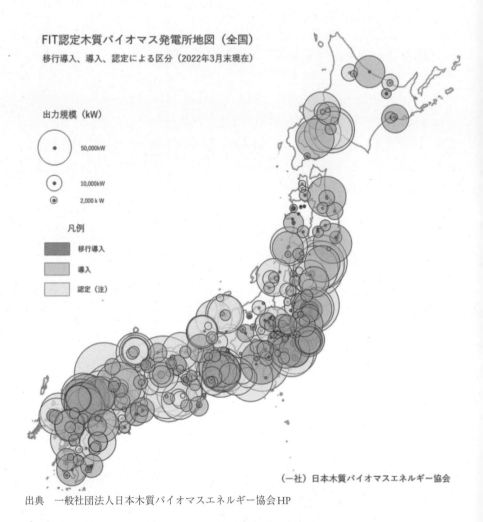

FIT認定木質バイオマス発電所地図（全国）
移行導入、導入、認定による区分（2022年3月末現在）

出力規模（kW）

50,000kW

10,000kW

2,000 k W

凡例

移行導入

導入

認定（注）

（一社）日本木質バイオマスエネルギー協会

出典　一般社団法人日本木質バイオマスエネルギー協会HP

図2.1　FIT認定木質バイオマス発電所

中心に5万kW以上の大規模な発電所が数多く立地しており、これらのほとんどは輸入バイオマスを燃料としている。海外から燃料となる木材チップ・ペレットやヤシ殻、パームオイル等を大量に持ち込むことで成り立つ発電は、

上記のような国内の森林が抱える課題解決には繋がらない。

　湯谷温泉は安定的な熱需要先として捉えることができる。市内に数多く存在する林業や木材に関するノウハウや技術を有する関係者を、新たな視点で繋ぎコーディネートすることで、新城市で木質バイオマスの活用ができるのではないか。この思いから、事業化に向けた検討を進めていくこととなった。

(2) 事業化検討調査

　湯谷温泉では、過去に木質バイオマスエネルギー事業の検討が行われたことがあったという。しかしそれらは湯谷温泉地域の内部から発案されたものではなかった。外部の事業者等から提案されたものもあり、十分な検討がないまま「実現不可」と判断されたようである。こうした経緯から当初、市役所側は木質バイオマスエネルギー事業に懐疑的であったという。そこで大西代表は、地域おこし協力隊の活動として、独自に事業化検討のための調査を実施した。

ア　技術調査

　未利用間伐材を利用するにはどのような方法が良いのか、どの方法が適しているのかを比較検討した。

　木質バイオマスエネルギーの利用方法は、熱利用と発電に大別される。発電事業の採算性を確保するには規模を大きくする必要があるが、これに比例して大量の燃料材が必要となり、現実的ではない。技術・供給可能性・採算性の各側面を評価して最も妥当と考えられたのが、薪ボイラーであった。

イ　需要先調査

　未利用間伐材をどこで使えばよいのかを把握するため、熱需要のある施設を調査した。

　湯谷温泉の他、福祉施設や温浴施設、熱を使う工場を全て洗い出し、50カ所ほどにヒアリング、このうち約半数は現地調査を行った。熱需要の変動

やボイラー設置場所の確認を行い、設置先としての可能性を検討した。

ウ　供給可能量調査

　燃料としてどのくらいの材が集まりそうか把握するため、市森林課の協力を得て市内外の林業事業体、製材事業者47社に書面と聞き取りで調査を実施した。

　現状いくらで材を売っているか、目安となる1tあたりの買取価格を提示した上で、この額ならどの程度供給できるかを確認し、現実にかなり近い供給可能量を算出した。

(3) 事業化への道筋

ア　湯谷温泉におけるボイラー更新調査

　この事業化検討調査と重なる時期に、湯谷温泉審議会では「湯谷温泉加温施設更新調査」が実施された。湯谷温泉では、1か所のボイラーで温泉を加温して各旅館・浴場に配湯しており、重油を燃料とするこのボイラーが更新時期を迎えていたため、所管課である観光課から審議会に対して諮問があったものである。

　外部調査機関に委託して各種検討を進めた結果、2016年3月、湯谷温泉審議会は答申として更新後の加温施設として薪ボイラーが最適であるとの答申を出した。大西代表による前述の調査結果が一部活用された形であったという。

イ　合意形成の進展

　湯谷温泉審議会による検討を受け、2016年度に「新城市森林資源活用サプライチェーン構築支援事業ワーキンググループ」が開催された。湯谷温泉での活用に限らず、市内森林の特に低質材をバイオマス資源として価値づけすることで、森林整備を促進し、山主や地域住民が森林を見つめ直すきっかけとすることを目的とした検討体であった。新城市森林課としては、まち・

ひと・しごと創生事業の中で森林に関する協議会の設置を予定していたこともあり、タイミングが合致した形であった。

　森林資源の活用という観点から地域内の関係者を組織化していくと同時に、市長もこの取組に対して関心を高めていった。前市長はもともと再エネへの関心も高かったが、庁内で懐疑的な空気があった中、最終的に前市長のトップダウンで湯谷温泉における薪ボイラー導入が既定路線となった。2016年末頃のことであった。「地域おこし協力隊の活動報告」として大西代表による調査結果報告のプレゼンテーションを複数回に渡り受けたこと、外部の会議で木質バイオマス活用の先行自治体と交流したことなども作用したのではないか、と大西代表は感じたという。

　翌年度には、湯谷温泉での薪ボイラー導入に向けた実務的な検討を行う機関として「新城市薪生産協議会」が設置され、地域おこし協力隊を卒業した大西代表はコーディネーターとして参画することとなった。この協議会は、行政、森林組合、素材生産業者、木の駅プロジェクト、温泉審議会等の多様なステークホルダーで構成されていた。現場からの知見に即した、多様な意

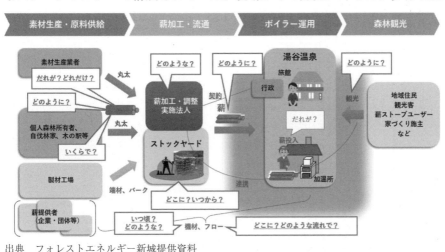

出典　フォレストエネルギー新城提供資料

図2.2　新城市薪生産協議会での検討内容の例

上：薪製造作業の様子　下：ボイラー投入の様子（フォレストエネルギー新城提供）

見と実践知を交換することが可能となり、事業化を大きく後押しするものとなった。

ウ　フォレストエネルギー新城の設立

　こうした検討を経て2019年10月、新城市の薪ボイラーに関する事業を担う事業体として合同会社フォレストエネルギー新城が設立された。同年12月に薪生産を開始、2020年4月には薪ボイラーが稼働を始め、同年11月に本格稼働に至った。

　フォレストエネルギーの事業は、薪の生産とボイラーの運転管理に大別される。事業費は新城市の委託料となっており、継続的な事業を実施する上で無理のない設定となっている。2019年度からは財源として森林環境譲与税が活用されている。

（4）事業の成果

　これまでに2,200㎥を超える未利用間伐材を薪として加工し、ボイラー燃料として供給してきた。重油を代替することで得られたCO_2削減効果は2年間の累計で536tと推計される。

　薪の原料となる材を搬出する約20の林業事業体・山林所有者に対して、フォレストエネルギーから出材対価が支払われている。これが林業にかかる雇用を下支えすることになり、森林整備が進んでいる。森林の水源涵養や土砂災害防止といった機能を高め、生物多様性保全にも繋がっていると考えられる。

　フォレストエネルギーとしても5名の従業員を擁する他、下請けとして業

務を発注するなど、地域内に新たな雇用を生み出すことも実現した。

　地域内の経済循環を変える効果もあった。従来、湯谷温泉のボイラーでは重油を使用していたため、燃料代は当然、地域外への支出となる。これが地域材を利用する薪ボイラーを導入したことで、これまで地域外に流出していた経費が直接地域内で循環するようになり、地域経済の活性化を担うことにもなったと評価できる。

(5) 地元産木質バイオマスエネルギーの展開に向けて

　地元産の木質バイオマスエネルギーで加温したお湯を使うようになった、湯谷温泉の各旅館はどのように捉えているか。現在のところ、このエネルギー事業への関心が地域全体として高まっているとは言えず、各旅館の捉え方には温度差があるという。元来、旧町時代から湯谷温泉のボイラーは行政が管理しており、施設管理費用や燃料代は行政が負担してきた。このこともあり、各旅館がエネルギー事業への関心を寄せにくい状況であることは否めない。

　次の展開として構想されているのは、エネルギー事業をテーマとした視察ツアーの誘致である。ツアー客が湯谷温泉を訪れ、立ち寄り湯や宿泊により経済効果を生むようになれば、各旅館や地元住民がバイオマス活用の意義を改めて認識するようになると期待できる。

　新城市としてもゼロカーボンに向けた動きを活性化する中で、今後、湯谷温泉での取組がより多くの市民にとって大きな意味を持つことになるであろう。

【取材協力】
合同会社フォレストエネルギー新城　代表社員CEO　大西康史

【参考文献】
合同会社フォレストエネルギー新城　提供資料
新城市HP（https://www.city.shinshiro.lg.jp/）
一般社団法人日本木質バイオマスエネルギー協会HP（https://jwba.or.jp/database/woody-biomass-database/fit/）

3　生活クラブエナジー　（山形県遊佐町ほか）

　全国21都道府県に33の独立した生協（単協）から成る生活クラブ生協では、長年のエネルギー問題への取組を経て2014年に生活クラブエナジー株式会社を設立した。

　各地の生活クラブ生協が設置した太陽光発電所に加え、全国61カ所の発電所と提携して電気を調達、生協事業所や組合員の家庭などに供給している。電気料金の一部を電気の「産地」に還元する仕組を備え、食・エネルギーを軸とした生産者と消費者の双方向の繋がりづくりに取り組んでいる。

(1) 庄内・遊佐太陽光発電所

　2019年、山形県遊佐町で「庄内・遊佐太陽光発電所」が稼働を開始した。採石場跡地に開発されたこの発電所の出力は約18MW、生活クラブエナジーを通じて組合員の家庭に供給されており、2021年に完成した遊佐町役場新庁舎でも利用されている。

　遊佐町と生活クラブの関係は50年以上に及ぶ。生活クラブ生協では、1971年から遊佐町農協と連携し遊佐町産米の供給を受けており、1988年には生産者と組合員が品種や農法、価格を協議しながら作る「共同開発米（庄内遊YOU米）」の取組が始まった。以後、米や豚肉を中心に、生活クラブが扱う農作物の主要な産地となっている。

　両者の繋がりは、単なる産地－消費者の関係に留まらない。生活クラブ生協の活動から合成洗剤の問題を知った遊佐町農協婦人部がせっけん運動を開始し、やがて町全体に広がっていった。1980年代の終わりには、遊佐町の月光川上流に進出したアルミ再処理工場による河川汚染を巡り、農協による反対運動を生活クラブ生協が署名やカンパで支援し、工場移転に繋がった。農作物を売る・買うという関係だけでない、相互の支え合いが続いてきた地域である。

発電所の建設は、生活クラブグループと提携生産者などが共同で設立した株式会社庄内自然エネルギー発電が担った。資金調達には、地元金融機関からの融資、生活クラブグループからの貸付の他、地元住民や生活クラブ組合員が出資した市民ファンドが活用された。

ここで発電した電気は、生活クラブエナジーが調達する。組合員が支払った電気代から年間1,000万円が「庄内自然エネルギー発電基金」に寄付されることも決まった。この基金は、遊佐町、酒田市、生活協同組合庄内親生会、生活クラブ事業連合生活協同組合連合会、株式会社庄内

上：庄内・遊佐太陽光発電所（山形県遊佐町）
下：5者協定締結式
（生活クラブエナジー提供）

自然エネルギー発電による5者協定を締結し、酒田市の条例を活用して造成されたものである。遊佐町、酒田市を中心とする庄内地域の、持続可能な地域社会づくりに活用されることになっている。

（2）生活クラブのエネルギー問題への取組

ア　脱原発運動からエネルギー事業へ

生活クラブは、食品の共同購入から活動を開始した生協である。1986年に発生したチェルノブイリ原子力発電の事故で、国内の提携産地の茶葉から自主基準を超えるセシウムが検出されたことを契機として、脱原発運動が展開された。この中で、原発に頼らない社会を作るため、再生可能エネルギーを自分たちの手で作ろうという動きが生まれた。

1999年には生活クラブ生協・北海道を中心に、北海道浜頓別に市民ファ

生活クラブ風車　夢風（秋田県にかほ市）
（生活クラブエナジー提供）

ンドによる風車が建設された。その後、2012年には首都圏4単協（東京、神奈川、埼玉、千葉）が資金拠出して、秋田県にかほ市に風車が建設された。

この時期、再生可能エネルギー固定価格買取制度が施行され、政府内で電力システム改革の検討が進められた。生活クラブではこうした動きを受け、地域の人と一緒に再生可能エネルギーを開発して使おうという機運が高まった。2013年には「減らす（省エネルギー）」「つくる（再生可能エネルギーを作る）」「使う（作った再生可能エネルギーを選択して使う）」の三本柱から成る総合エネルギーを決定し、ここから電力事業に本格的に乗り出していくこととなった。そして、自らのエネルギーの取組に枠をはめるために組合員の総意による「エネルギー7原則」を発表した。

2014年、生活クラブ連合会と各単協、関連会社が出資して株式会社生活クラブエナジーを設立、生活クラブの事業所や関連施設向けの高圧販売から小売事業をスタートした。2016年には組合員ほか低圧販売も開始し、約17,000件（2022年9月現在）の家庭に電気を供給している。

生活クラブのエネルギー7原則

- 省エネルギーを柱とします。
- 原発のない社会、CO_2を減らせる社会をつくります。
- 地域への貢献と自然環境に留意した発電事業をすすめます。
- 電気の価格や送配電のしくみを明らかにします。
- 生活クラブの提携産地との連携を深め、エネルギー自給率を高めます。
- エシカルコンシューマーとして、再生可能エネルギーによる電気を積極的に共同購入します。
- 生産から廃棄までトータルで責任を持ちます。

イ　「生活クラブでんき」の特徴

　生活クラブが取り扱ってきたのは、食料品などの生活に欠かせないもので原材料や生産方法が明らかな「消費材」である。生活クラブエナジーが供給する「生活クラブでんき」も同様に、消費材を共同購入する仕組として位置づけられている。すなわち、発電所（発電者）は生産者であり、再生可能エネルギーは利用者の立場で開発するもの、という考え方である。

　生活クラブエナジーが調達する電気は、各単協および関連会社等が設置した太陽光発電によるものと、バイオマス、太陽光、風力、小水力で発電する全国61カ所の提携発電所のものである。消費材を提携している産地を中心に、条件適地であり、食・エネルギーを共同購入することで産地も組合員も豊かになる枠組を構築できる地域で再生可能エネルギーの開発を進めている。生活クラブが出資または融資して建設された、実質SPCの発電所からの供給が3割程度となっている。

　再生可能エネルギーの開発に際して重視しているのは、地元住民が自ら「地域にとって必要な発電事業である」という合意を形成することである。そのために、住民説明会だけでなく、フォーラムや学習会などを数多く開催し、小さな疑問や不安にも丁寧に答えていく。時間はかかるが、持続可能な地域を作るための発電事業として地域社会に受容されるために不可欠なプロセスである。

　また、以前から組合員の自宅屋根に太陽光発電設備を設置する活動を進めてきた。現在では、固定買取期間が終了した卒FIT太陽光

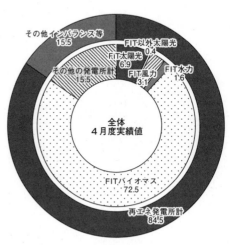

その他インバランス等　15.5
FIT以外太陽光　0.4
FIT太陽光　6.9
その他の発電所計　15.5
FIT風力　3.1
FIT水力　1.6
全体
4月度実績値
FITバイオマス　72.5
再エネ発電所計　84.5

出典：生活クラブエナジーHP

図3.1　2022年4月度調達電源種別（単位：％）

の電気を積極的に買い取るようにしており、今後も拡大が想定されている。

2022年4月実績では、供給量の85.5％が再生可能エネルギー由来の電気となっている。

(3) 利益を地域に還元する仕組

ア　地元との協定に基づく基金造成

庄内・遊佐太陽光発電所で発電した電気を販売して得られた利益を積み立てる「庄内自然エネルギー基金」のように、発電所の地元自治体等との協定により基金を造成し、発電産地に直接資金を還流する仕組を構築している。

これは、元は秋田県にかほ市の風力発電事業から始まったものである。これを契機として、「にかほ市自然エネルギーによるまちづくり基金条例」が制定され、他社が設置した発電所の利益からにかほ市で設置している「基金」へ寄付を受けて、市のまちづくりに活用されている。生活クラブの首都圏4単協では、にかほ市においてさらにもう1基の風車建設を計画している。

イ　「ご当地電力証書」の活用

会津ブドウ畑の収穫参加の様子（福島県喜多方市）
（生活クラブエナジー提供）

生活クラブエナジーが契約している会津電力、飯舘電力（いずれも福島県）は、一般社団法人全国ご当地エネルギー協会による「ご当地電力証書」の認定を受けている。地域資源を活用し、地域コミュニティに資するための発電事業であることが確認された発電所に対して証書を発行し、その電気を購入する小売事業者は通常の電力買取料金に上乗せした金額を支払うものである。生活クラブエナジーでは、この2社から電気を購入する際、FIT価格に加え「ご当地価値」に対する上乗せ額を支払っている。この上乗せ額が、それぞれの電力会社が

実施する地域貢献活動の資金として活用されている。

　会津電力では、発電所そばの耕作放棄地を開墾し、ワイン用ブドウ栽培とワイン製造に取り組んでいる。このブドウ圃場で栽培体験交流企画が実施されたり、ワインの共同購入が実施されたりと、資金面だけに留まらない交流が展開されている。

ウ　寄付金付き契約メニュー

　発電産地に直接資金を還流するだけでなく、組合員から広く寄付を集めて活用する仕組も備えている。契約メニューのオプションとして、任意で参加できる「生活クラブ自然エネルギー基金」である。

　参加する契約者は、毎月の電気料金の5％相当額を上乗せして支払い、基金に寄付することになる。寄付金は、生活クラブ自然エネルギー基金に積み立てられ、再生可能エネルギーの開発や省エネルギー活動などに活用される。各単協が実施する再生可能エネルギー設備の設置や、学習会などの費用が助成対象となっている。

　この基金には約5,000人が参加しており、電気代を支払うことが再生可能エネルギーを推進する・支えることになる、という認識を持つ契約者が多いことがうかがえる。

(4)　地域に資するエネルギー事業の発展に向けて

　前出の遊佐町におけるメガソーラー事業であるが、これは単純な再エネ供給に留まらない。この枠組が目指すのは「庄内FEC自給ネットワーク構想」の実現である。食（F）・エネルギー（E）・福祉（C）をできるだけ庄内の地域内で自給することで雇用創出、コミュニティ強化を図り、持続可能な地域を形成しようとする構想である。ここに組合員という地域外の主体が、農作物やエネルギーの利用という形で参画する。地域循環共生圏を体現するような社会像が見えつつある。

　とはいえ、現行の電力システムでは課題も多い。提携産地（発電所）から

購入する電気は、2020年の改正FIT法で小売電気事業者の購入価格が「市場連動」とされたため、卸売市場における価格変動の影響を直接受けることになる。昨年度末から始まった卸売電力価格の高騰、それに続くロシア・ウクライナ戦争に端を発した高止まりで、新電力会社は厳しい局面に立たされている。再生可能エネルギー開発にかかる許認可手続の煩雑さ、系統制約も向かい風が続いている。

　しかし、国際情勢に左右されない国産の再生可能エネルギーを使いたいというニーズは、かつてなく高まっている。ローカルSDGs、脱炭素を進める上で、再生可能エネルギーをいかにまちづくりに取り込んでいくか、自治体が主体的に発想することが求められる。まちづくり、地域活性化の手段として再生可能エネルギーを生かすため、自治体との「よきパートナーシップ」を前提とした取組が、各地で動いている。

【取材協力】
株式会社生活クラブエナジー　代表取締役　半澤彰浩

【参考文献】
市民セクター政策機構（2021），社会運動No.444　再生可能エネルギー──気候危機と生活クラブ──
半澤彰浩，「生活クラブでんき」の取り組みと地域に資するエネルギー開発（2022），くらしと協同第38号
生活クラブエナジーHP（https://scenergy.co.jp/）

4 再エネの地産地消と都市間交流（横浜市と会津若松市ほか）

　再生可能エネルギーの発電所は大幅に増えたが、再エネ発電所の建設＝地域で再エネが役立っている、とは限らない。土地と再エネ資源が地域外の事業者に利用され、地元にはメリットがない、という経験をしている地域は少なくない。

　こうした中で横浜市が2020年に開始したのが、東北に立地する再エネ発電所の電気を横浜市内に供給し、その電気代から地域活性化のための資金を拠出する仕組である。株式会社まち未来製作所との連携協定に基づき、同社が構築した「e.CYCLE（いいサイクル）」を活用したものである。

（1）Zero Carbon Yokohama

　横浜市は2018年に地球温暖化対策実行計画を改定し、2050年までの温室効果ガス実質排出ゼロを市の温暖化対策のゴールと定めた。国に先駆けて定めたこのゴールを「Zero Carbon Yokohama」と表現し、市民・事業者に向けて強力にアピールしている。具体的な取組として、横浜スマートビジネス協議会との連携による横浜スマートシティプロジェクトや、広域連携を含む再エネのスマートな活用検討などを掲げて多様なプロジェクトを展開している。

　2020年には脱炭素化目標をさらに具体化するものとして横浜市再生可能エネルギー活用戦略を策定し、2050年にエネルギー消費量を50％削減すること、市内で消費する電力を100％再エネへ転換することなどを掲げた。率先行動として横浜市役所新庁舎で使用する電力を100％再エネ化するなど積極的に動いており、2022年にはみなとみらい21地区が脱炭素先行地域に選定されるなど、市内の様々なアクターと連携した取組が進んでいる。

　しかし本計画における試算では、2050年に想定される電力消費量に対し、市内の再エネによる供給ポテンシャルは8％に留まることが示されている。横浜市内のみの取組では、Zero Carbon Yokohama の実現には至らないという

ことが明らかになっている。

(2) 東北の再エネ電気を横浜に

そこで重要となるのが、再エネを供給する地方都市との連携である。2019年12月、横浜市と東北地方の12市町村は、再生可能エネルギーに関する連携協定を締結した。再エネ資源を豊富に有し、都市と地域循環共生圏の構築を目指しているこれらの自治体と、以下の3分野において連携する枠組である。

1　再生可能エネルギーの創出・導入・利用拡大に関すること
2　脱炭素化の推進を通じた住民・地域企業主体の相互の地域活力の創出に関すること
3　再生可能エネルギー及び地域循環共生圏の構築に係る国等への政策提言に関すること

これ以降、東北・関東に連携先を増やし、2022年8月時点で15自治体と連携協定を締結している。

本協定に基づき、連携自治体で発電された再エネ電気が、横浜市内の家庭や事業所、公共施設等に供給されることになった。その第1弾としてスタートしたのが、青森県横浜町にある風力発電設備で発電された電気を、横浜市内の企業等に供給するものである。横浜町の風力発電の電気は、送配電事業

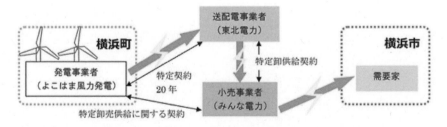

出典：横浜市プレスリリース「青森県横浜町の再エネ電力を横浜市内へ供給開始」

図4.1　ブロックチェーンを活用した再エネ供給の仕組

者である東北電力に供給される。東北電力と特定卸供給契約を結んだ小売事業者（株式会社UPDATER「みんな電力」）が、横浜市内の企業など需要家を取りまとめ、この風力発電の電気を需要家に供給する。ブロックチェーン技術を活用することで、「どこの誰が発電した電気か」が明らかになる仕組である。

　同様の仕組で、複数の自治体から再エネ電気の供給を受け、横浜市内の需要家で使用する動きが広まっている。連携協定の中では、「住民・地域企業主体の相互の地域活力の創出」もテーマとなっている。連携地域の物産展を横浜市内で開催するなど、エネルギーの融通だけでなく相互の地域への理解を促進しようとする試みも行われている。

(3) 東北の地域活性化に繋がる再エネ需給「e.CYCLE」

ア　e.CYCLEとは

　ブロックチェーン活用型に続いて導入されたのが「e.CYCLE（旧『グッドアラウンド』2022年7月に名称変更）」を活用したモデルである。e.CYCLEは、まち未来製作所が構築した地域活性化モデルであり、再エネ電気の電気代に上乗せする手数料から、発電を行う地域に直接、地域活性化のための資金が還元されるものである。

　横浜市における仕組は次のようなものである。

①再エネ発電所の賛同を得た上で、立地自治体（東北地方の連携先自治体）内において再エネ電気を地産地消する
②余剰となる再エネ電気を、送配電事業者を通じてまち未来製作所が調達する
③この再エネ電気を販売したい小売電力事業者を集め、まち未来製作所が入札を実施する
④横浜市内の再エネ電気を使いたい需要家が申し込む
⑤横浜市内需要家は、入札の結果から利用する小売電力事業者を選び、契約する

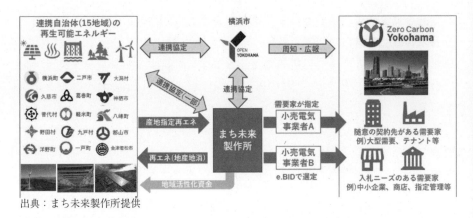

出典：まち未来製作所提供

図4.2　e.CYCLE（旧 グッドアラウンド）を活用した再エネ供給の仕組

⑥小売電力事業者は、まち未来製作所に対して1kWhあたり2％を手数料として支払う

⑦まち未来製作所はこのうち0.15円（75％）を発電所立地地域の「地域活性化資金」として拠出する

イ　e.CYCLEの特徴

　再エネ発電所で得られた電気はまず地元で使う、その上で、横浜市は余った電気の受け皿になるものである。そのためまち未来製作所では、まずは地元に再エネ電気を供給する仕組の整備を支援する。地域内に小売電力事業者が存在する場合はその事業者を通じて供給する体制をとるが、小売事業者がない場合は立ち上げを支援することもあるという。

　横浜市内で再エネ電気を使いたい需要家にとっては、入札で小売事業者を選定するため価格が落ち着きやすいという利点がある。再エネならば何でもよい、ということではなく、どのような発電事業者なのか、地域貢献に繋がるのかといった社会的価値も重視したいというニーズもあり、こうした「ストーリーのある」電気を扱う小売事業者を選べる蓋然性が高まることも魅力

の一つと言える。

　横浜市内に電気を供給する小売事業者にとっても、メリットは大きい。通常ならば小売事業者は、販売先を拡大するために自ら営業活動を展開しなければならないが、横浜市が需要家を募集するため、営業コストが不要となる。また、再エネ電気を扱いたい場合は電源確保に動かなければならないが、それも不要である。小売事業者は1kWhあたり2円の販売手数料を負担するが、こうした社内コストを削減できることと相殺することで、販売価格には転嫁しないケースも多いという。

　何より、再エネ発電所の立地地域に地域活性化資金が発生することで、横浜市の需要家が支払った電気代の一部が、東北地方の活性化に直接役立つという関係を構築できることが、最大の特徴である。地域の活性化を、小売事業者、発電事業者にも協力してもらい、関係者が少しずつ継続的にサポートする形を構築している。

ウ　e.CYCLE立ち上げの背景

　まち未来製作所は、地域課題の解決を目的として、再エネをはじめとした地域資源を活用したビジネスモデルを検討し立ち上げてきた会社である。地域新電力や地域商社の取組の中で、青山代表が感じたのがエネルギー事業と地域のギャップや分断であった。大型の太陽光発電、風力発電などは大手資本が手掛けるものは、地域との直接の関係性がない。それは発電事業者だけが悪いのではなく、いろいろなかけ違いによるもので、これを何とかしたいとの思いから生まれたのがe.CYCLE（サービス開始当初は「グッドアラウンド」）であった。

　はじめにこの仕組を導入したのは、茨城県神栖市であった。神栖市には鹿島臨海工業地帯のコンビナートがあり、地域外の資本で事業を実施することへの親和性が高いという。その中で再エネを誘致していたが、地域のためになっているのかが見えにくい状況であったところに青山代表が提案し、市とまち未来製作所との連携協定が結ばれた。貢献に賛同する再エネ発電事業者を

募り、神栖市内の地域新電力等による市内への電力供給と、電気代の一部を活用した地域活性化事業が実施されることになったのである。

(4) 都市間連携への発展

ア 横浜市—会津若松市

この仕組を都市間連携に応用したのがZero Carbon Yokohamaのプロジェクトである。東北地方との連携協定を結んだ横浜市では、連携先と横浜市がより明示的にWin-Winの関係を構築できる枠組を求めていた。「再エネで発電した電気を買ってあげる、代わりに何らかを返してあげる」という単なる需給の関係ではなく、相互にメリットが明確に見える形が必要だとする青山代表の提案に共感が生まれ、東北地方市町村との連携協定による具体的な動きとして実装することになった。

そこでe.CYCLEによる再エネ供給を最初に開始したのは、福島県会津若松市である。会津若松市はスマートコミュニティ構築や再エネ導入を積極的に進めており、再エネを活用した地域貢献というテーマに対して強い関心を持っていたという。

会津若松市内山麓部で稼働する風力発電による電気を、市内需要と横浜市への供給に振り分け、横浜市内の公共施設や民間事業所で利用している。

イ 地域活性化資金を活用したプロジェクト

発生した地域活性化資金の使途はまち未来製作所と会津若松市、市内のパートナー団体で協議して決定している。2021年度には以下のプロジェクトで144万円の地域活性化資金が活用された。

●ゼロカーボンみなと（NPO法人みんなと湊まちづくりネットワーク）
　　風力発電の伐採木材でバイオ炭を製造し、猪苗代湖の水質浄化などに活用しようとするもの。地域活性化資金は、バイオ炭製造テストプラントの導入費用や視察費、参画する大学の研究費などに使用された。

左：ゼロカーボンみなと活動風景／右：芦ノ牧温泉街並み整備（まち未来製作所提供）

●温泉地域景観創造ビジョン（一般社団法人東山温泉観光協会、芦ノ牧温泉観光協会）

　景観を改善することにより、温泉地域の賑わいを創出しようとするもの。地域活性化資金は、各温泉地域での緑化事業、美化などの環境活動に使用された。

　地域活性化資金の使途として最も留意しているのは、一過性のものでなく継続性があること、地域の活性化に真に資するメカニズムを含むものであること、という2点だという。イベントごとではなく、地域活性化「事業」として資金を地域に戻すことを重視している。そのお金が地域活性化に寄与しない、一過性のものだと意味がない。継続的に進むのか、活性化に資するメカニズムがあるのかを基準に判断している。地元企業や行政と相談しながら、一緒に活性化事業を企画することもあるという。

　まち未来製作所は、スタッフのワーケーションとして会津若松市に滞在し、地域内の関係者とのコミュニケーションを深めて活性化事業のアイデアを生み出すなど、伴奏支援を続けている。

(5) 都市間連携の拡大・深化に向けて

　青山代表によれば、横浜市はe.CYCLEを活用した会津若松市との連携に対

して、Zero Carbon Yokohama の各種プロジェクトの中でも CO_2 削減効果が大きく、継続的に拡大するポテンシャルを期待しているという。また、会津若松市で地域活性化事業が展開され、地元に歓迎されていることも喜ばしいという評価である。

　横浜市では SDGs 未来都市としての事業を展開する上で、市内外の事業者や団体、研究機関等を繋いだり支援するネットワークが活発な動きを見せている。まち未来製作所では、高い企画力を有するこうしたネットワークと連携することで、地域活性化事業の企画・ノウハウ・知見をセットで提供することも視野に入れているという。地域循環共生圏のリアルなモデルとして、オール横浜での展開が期待される。

【取材協力】
株式会社まち未来製作所　代表取締役　青山英明
　　同　シニアアソシエイト　伊澤由樹恵

【参考文献】
株式会社まち未来製作所　提供資料
横浜市温暖化対策統括本部 HP（https://www.city.yokohama.lg.jp/city-info/koho-kocho/press/ondan/）
株式会社まち未来製作所 HP（https://machimirai.co.jp/）

第2章　自治体のSDGs達成活動

下川町におけるSDGs推進の取組について

下川町政策推進課SDGs推進戦略室　室長　**亀田 慎司**

1　はじめに

　下川町は、2001年の「森林共生社会のグランドデザイン」策定以降、経済・社会・環境の3つの側面から統合的な課題解決を目指しており、国連加盟169ヵ国により全会一致で採択されたSDGs（持続可能な開発目標）とも親和性が高いことから、SDGsを「まちづくりのツール」として捉え、森林資源などを最大限・最大効率で活用した持続可能な地域社会の実現を目指している。

　SDGsをまちづくりに取り入れながら、経済・社会・環境の3つの側面から統合的に課題解決を目指す本町の取組について、紹介させていただく。

下川町の街並み

2　下川町の概要

　下川町は、北海道の北部に位置し、人口約3,100人の小規模過疎地域である。夏はプラス30度を超えるが、冬はマイナス30度を下回るなど日本国内でも特に寒い地域であり、降雪量も多い積雪寒冷地である。町の総面積は東京23区と同程度で、そのうちの約90％が森林で覆われた自然豊かな地域である。

町有林

　町の歴史は約120年と浅く、1901年に岐阜県高鷲村（現在の郡上市）からの開拓者による入植から下川町の歴史は始まった。以降、農業、林業・林産業、鉱業を基幹産業として発展し、最盛期の1960年の人口は1万5,000人を超えた。その後、原木の輸入自由化により市場価格が低迷し、森林に関わる産業に逆風が吹く状況となった。さらに、鉱業においても、全国的な公害抑止運動の高まりの中で、環境規制強化に伴う設備投資が増大したことにより経営が不安定化するなど、基幹産業の衰退による人口減少が急速に進み、1980年の国勢調査では、5年間の人口減少率が北海道で1位、全国でも4位になるなど、地域の活力が著しく失われていった。

　このような厳しい現実に対して、当時の町民は真摯に受け止め、危機感と問題意識を抱くようになり、新規事業の発掘やイベント企画、住民参加の醸成や地域外への情報発信など、多岐に渡るまちおこし活動を展開。知恵・工夫・行動による挑戦をし続けたことにより、急速な人口減少に一定の歯止めが掛かり今日に至っている。

2001年には、下川産業クラスター研究会により、森林・林業を基軸として、経済・社会・環境の3つの側面から統合的な課題解決を目指す「森林共生社会のグランドデザイン」を策定し未来ビジョンを定め、2007年には、町政運営の最高規範である下川町自治基本条例の前文に「持続可能な地域社会の実現を目指す」と位置づけている。自然資源であり町の財産である「森林」を持続的に活用しながら、過疎化や少子高齢化、そして地域産業の衰退という課題を解決する取組に着手し、森林資源を余すところなく使うまちづくりを進めてきた。

3　森林資源を余すところなく使うまちづくり

　現在、下川町の町有林は、カラマツ、トドマツ、アカエゾマツを中心に約4,700haの面積を有しているが、今日に続く「森林のまちづくり」は、1953年に国から1,221haの国有林の払い下げ（国有林野整備臨時措置法）を受けたことが一つの契機である。以来、地域の雇用安定化と木材の安定供給に向けて「伐ったら必ず植える」という持続可能な林業の基本姿勢を実践してきた。「循環型森林経営」を基本理念として、森林の伐期を60年と捉え、毎年50haの伐採と植林が可能な森林基盤を確保し、循環型森林経営を続けてきた。

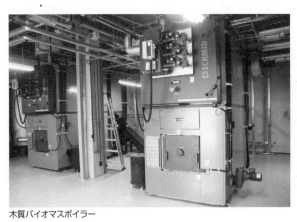
木質バイオマスボイラー

　また、林業におけるICTによる森林管理コストの削減と高性能林業機械の導入や高密度路網整備による施業効率の向上、高付加価値化を図るため北海道で初めてとなるFSC森林認証を取得、公共施設に木質バイオマスボイラーを導入するなど、

森林の総合的利活用に向けた様々な取組も展開している。

　現在、木質バイオマスボイラーについては、10基の木質バイオマスボイラーから各公共施設に熱エネルギーを供給している。木質バイオマスボイラー導入前の化石燃料と比較した削減効果分として毎年約1,600万円を町の基金に積み立て、そのうち半分は後年度におけるボイラーの更新費用として確保しつつ、残り半分を中学生までの医療費無償化、子育て世帯への経済支援、給食費の補助、不妊治療費の助成など、子育て支援施策の財源に活用している。熱エネルギーとなる原料は、町内の製材工場から排出される端材や林地残材などを使用しており、未利用資源の有効活用を図っている。

　森林資源を余すことなく活用するため、炭、チップ、木工品やエッセンシャルオイルの生産など林産業の充実を進めており、さらには、地元NPO法人の協力を得ながら、未就学児から高校生まで15年一貫の森林環境教育も行っている。

4　一の橋集落における集落創生の取組

　森林バイオマスエネルギーを核として超高齢化社会に対応する集落再生を具現化しているのが、コンパクトタウン「一の橋バイオビレッジ」である。

　一の橋集落は、かつて林業を基幹産業として栄え、1960年には人口約

一の橋集住化住宅

2,000人を有していたが、林業の衰退、営林署の統廃合、JRの廃線などにより、急速な人口減少を辿り、2009年時点では人口が95人、高齢化率51.6％

と50％を超えた。

　基幹産業の衰退により商店や学校は全てなくなり、集落の高齢化による買い物や除雪の問題、住宅の老朽化、空き家の増加、コミュニティの低下などの課題が顕著であったことから、町では、一の橋集落の課題が将来的な町全体の縮図になるものとして捉え、新産業の創造（経済）、超高齢化対策（社会）、エネルギー自給（環境）をコンセプトに集落再生を進めている。

　具体的には、町内でも過疎化と高齢化が特に進んだ一の橋集落に、ハード面では、熱エネルギー自給システムを核とした菌床椎茸栽培を行う特用林産物栽培研究所や高性能な集住化住宅などを整備し、ソフト面では、国の制度を活用しながら集落再生の担い手を都市部から移住した地域おこし協力隊が担っている。

　その結果として、起業家や若い移住者が住み始めており、集落再生に着手する前と比較して、2022年4月現在では人口が111人（2009年時95人）と微増、高齢化率は28.8％（2009年時51.6％）まで低下し、一の橋集落の持続可能性は高まっている。

5　SDGsを取り入れたまちづくり

　これまでの取組が評価され、2017年12月には、本町が「第1回ジャパンSDGsアワード」で最高賞にあたるSDGs推進本部長（内閣総理大臣）賞を受賞した。先進的な都市や企業が数多くある中で、この栄誉は大変光栄なことであり、町民や多くの関係者が長年尽力してきた成果が評価された結果である。

　SDGsは、経済・社会・環境の3つの側面から統合的に課題解決を目指すなど、下川町が約20年に渡り進めてきた取組と非常に親和性の高いものである。森林保全や農業、エネルギー、健康、教育など、SDGsに掲げられているゴールの多くは、本町が重要課題と位置づける分野と関連が強く、今後、下川町が目指すべき方向性に対するヒントとなり得るものである。

　まちづくりにSDGsを取り入れることで、「SDGsの17の目標から、地域を見つめ直すことに役立ち、新たな課題の発見や気づきに繋がる」、「未来から

現在を見て、その実現のための手を打って考えていくバックキャスティング的視点のまちづくり」、「本町の魅力や将来性を国内外に発信し、ブランド力などを高め、移住者や関係人口の呼び込み」、「様々な人々との連携による新たなまちづくり」などのメリットが出現している。

6　下川版SDGsの策定過程

本町では、町民10人（会社経営者、NPO法人代表、商工会青年部長、農業者、教師、主婦など）が中心となり、「2030年における下川町のありたい姿」を策定した。通例では、行政が素案を用意し、素案をもとに住民が議論していく流れが主だが、住民メンバーの意向により、素案なしの「ゼロベース」か

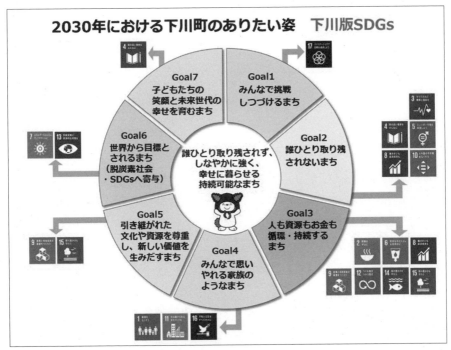

2030年ビジョン

ら策定した。その過程では、2030年に行政の中心的な役割を担う30歳から40歳の町職員も議論に加わり、半年間に計13回の議論を経て、下川町独自に7つの目標（下川版SDGs）を設定した。町内ではこの議論がきっかけとなり、女性活動グループが立ち上がり、女性視点からまちづくりを見つめ直す動きも進んでいる。

　この「2030年における下川町のありたい姿」は、町民が策定した2030年ビジョンということだけではなく、町の最上位計画である「第6期下川町総合計画」の将来像に位置づけるとともに、「下川町SDGs未来都市計画」や「下川町まち・ひと・しごと創生総合戦略」といった主要な行政計画においても目指す姿として位置づけている。行政内では町長を本部長とする「下川町SDGs推進本部」を設置し、その実現に向けて必要な施策や事業を進めているところである。

　また、「2030年における下川町のありたい姿」の実現に向けて、達成状況を確認する指標（モノサシ）として、住民側が設定した「住民指標」と行政側が設定した「行政指標」を7つの目標ごとに体系化しながら、進捗管理を進めている。

7　おわりに

　下川町は、これまで幾多の困難に立ち向かい、果敢に挑戦し続けてきた歴史がある。近年では、新型コロナウイルス感染症による新たな危機に直面し、社会の変化が新たな常識として定着している。企業などでは、オンライン会議やテレワークが浸透し、本町のような条件不利地域にとって、距離の概念が薄まることで新たな可能性が高まっている。また、地域社会と地域経済を守り抜くため、農業や林業といった基幹産業の担い手対策が急務だが、SDGsをキーワードに、地域内外の主体と協力関係を築きながら、持続可能な地域社会の実現を目指していく。

2030年ビジョンの抜粋

「2030年における下川町のありたい姿」指標設定　　※下線部の項目（16項目）は、R4年度町民意向調査で測定予定。

区分	項目	基準値		R4年度	R8年度	R12年度	単位	備考
目指す目標値	下川町は住み良い所だと思う人	目標値	-	77.0	81.0	85.0	%	総合計画
		H29実績値	73.9					
	下川町に住み続けたいと思う人	目標値	-	77.0	81.0	85.0	%	総合計画
		H29実績値	73.1					

区分	項目	基準値		R7年度	R12年度	R22年度	R32年度	R42年度	単位	備考
将来人口	目標人口　※純移動率と合計特殊出生率で設定。	目標値	-	2,849	2,536	1,999	1,541	1,146	人	総合戦略
		R2実績値	3,203							

※純移動率がプラスの年齢層はそのまま維持し、マイナスとなっている年齢層は3割改善を目指す。H25年からH29年までの合計特殊出生率1.36を踏まえ、R7には1.36、R12年には1.50、R22年以降は1.80として設定。

区分	項目	基準値		R1年度	R2年度	R3年度	R4年度	R12年度	単位	備考
財政運営基準	基礎的財政収支（プライマリーバランス）の黒字化	目標値	-	黒字	黒字	黒字	黒字	黒字	-	総合計画
		H29実績値	赤字	黒字	黒字					
	基金残高（一般会計分）の割合	目標値	-	39.2	40.5	42.9	45.7	50.0	%	総合計画
		H29実績値	36.0	33.8	36.0					
	町債残高（一般会計分）の割合	目標値	-	221.8	215.2	209.2	203.5	200.0	%	総合計画
		H29実績値	213.5	209.9	193.9					
	職員数	目標値	-	183	181	179	175	166	人	総合計画
		H30実績値	185	182	186					

SSDGs5　引き継がれた文化や資源を尊重し、新しい価値を生みだすまち
　古くても大切なものは守り、新しい価値を生み出す「温故起新」のまち
・下川町の歴史や文化を町民誰もが知っていて、伝統や技術が次世代に継承されている。
・自然や景観が維持されている。
・人口（2030年2,443人）や財政に見合った公共施設の数や規模に向けて前向きに縮小するとともに、未利用施設の新たな活用がされているなど有効活用がされている。
・特に小・中学校の統廃合について議論が熟し、最適な状態に向けて動き出している。

区分	項目	基準値		R1年度	R2年度	R3年度	R4年度	R12年度	単位	備考
住民指標	伝統芸能や食など下川の文化を引き継ぐ活動に参加している人の数								人	
	お祭りや行事など地域の活動に参加したいと思う人の数								人	
	みそや漬物を作っている人の数								人	
	森林資源の商品開発数								件	
	1年間の間に森に行ったことがある人の数								人	
行政指標	社会教育活動団体数（未登録含む）	目標値	-	70	70	70	70	70	団体	総合計画
		H30実績値	60	59	58					総合戦略
	社会教育施設利用者数（芸術文化活動含む）	目標値	-	18,000	18,000	19,000	19,000	20,000	人	総合計画
		H30実績値	16,257	16,194	7,935					
	芸術文化活動団体数	目標値	-	20	20	20	20	20	団体	総合計画
		H30実績値	18	18	17					
	芸術文化活動団体活動数	目標値	-	18,000	18,000	19,000	19,000	20,000	人	総合計画
		H30実績値	16,257	16,194	7,935					
	文化財関係施設の活用	目標値	-	1,100	1,100	1,200	1,200	1,300	人	総合計画
		H30実績値	1,283	1,234	424					
	空き家率	目標値	-	3.5	3.8	3.9	4.1	7.6	%	総合計画
		H30実績値	4.9	5.8	5.4					
	空き家数	目標値	-	57	62	63	66	114	件	総合計画
		H29実績値	81	85	80					

SSDGs6　世界から目標とされるまち

下川町のこれまでの取り組みを基盤に、さらに進化・深化させ、脱炭素社会の実現（パリ協定）や世界の持続可能な開発（ＳＤＧｓ）の実現に寄与するまち
・下川町の基軸である循環型森林経営を基軸に、ＦＳＣ材の商品開発など木材の利用促進が進んでいる。継承されている。
・埋め立てゴミゼロに向けて、ゴミの削減、収集されたゴミの再利用・再資源化が徹底されている。
・省エネルギーへの取り組みが定着し、徒歩や自転車の利用、脱プラスチックなど、環境負荷の少ない行動をとれる町民が多い。
・環境負荷の少ない製品の購入を町が推奨し、町内で当たり前に購入できるようになっている。
・公共調達物が環境への負荷が少ない物品を選んで購入している。

区分	項目		基準値	R1年度	R2年度	R3年度	R4年度	R12年度	単位	備考
住民指標	ガソリン、灯油、軽油の販売量								L	
	ストロー・レジ袋・プラ容器の使用量								t	
	シモカパを置いている店舗の数								件	
	海外からの視察数・問い合わせ数								人・件	
行政指標	熱エネルギー自給率	目標値	-	-	-	-	-	60.0	%	総合戦略 SDGs
		R1実績値	56.0	56.0	56.0					
	みなし電力自給率	目標値	-	-	-	-	-	102.0	%	総合戦略 SDGs
		R1実績値	96.0							
	CO₂排出量	目標値	-	-	-	-		43,600	t-CO₂	総合戦略 SDGs
		H30実績値	43,618	44,537						
	CO₂吸収量	目標値	-	-	-	-		103,100	t-CO₂	総合戦略 SDGs
		H30実績値	103,046	101,052						
	住民1人当たりのごみの排出量	目標値	-	300	297	294	291	269	kg/人	総合計画 総合戦略 SDGs
		H29実績値	306	274	277					
	有効率（上水道）	目標値	-	82.7	83.4	84.1	84.8	90.0	%	総合計画
		H28実績値	80.6	74.3	71.0					
	下水道計画区域内水洗化率	目標値	-	96.1	96.2	96.3	96.4	97.4	%	総合計画
		H28実績値	96.0	96.8	97.0					
	下水道計画区域外水洗化率	目標値	-	63.3	63.9	64.5	65.1	70.0	%	総合計画
		H28実績値	61.5	64.5	65.0					

SSDGs7　子どもたちの笑顔と未来世代の幸せを育むまち

子どもたちがいきいき伸び伸びと成長するよう、すべての未来世代のことを考え、地域全体で育むまち
・子どものやりたいことを大人や地域が後押ししている。継承されている。
・自然の中で子どもの主体性を大切に、様々な世代の町民が関わる機会がある。
・個性を活かした教育や資格取得など、教師が下川の学校・子ども園に転勤を希望したくなる、魅力を感じる学校になっている。
・認定こども園が魅力あるこども園になっている。
・運営に地域の人が関わることができるなど、開かれた学校・こども園になっている。
・子育てをしている方をみんなで応援している。

区分	項目		基準値	R1年度	R2年度	R3年度	R4年度	R12年度	単位	備考
住民指標	自己肯定感の高い人の数								人	
	急な託児を頼める人の数								人	
	相対的貧困率（子どものいる世帯）								%	
	夢と目標のある子どもの数								人	
	まちづくりに子どもの意見を反映できる機会の数								件	
	外で遊ぶ子ども数								人	
行政指標	地域での助け合いによる安心した子育て環境に満足している人の割合	目標値	-	-	-	-	34.3	55.9	%	総合計画 総合戦略
		H29実績値	29.0	-	-	-				
	下川商業高等学校入学者数	目標値	-	25	25	25	25	25	人	総合計画
		H30実績値	14	31	36					
	子ども達が確かな学力と体力を身につけることができることに満足と感じている人の割合	目標値	-	-	-	-	40.0	50.0	%	総合計画
		H29実績値	30.9							
	教育講数（公民館で活動している団体）	目標値	-	4	4	4	4	5	団体	総合計画
		H30実績値	3	4	5					

※　「住民指標」は町民個人の内面に関わるため、数値目標を設定していない。代替可能なデータによる置き換え、アンケートによる把握とあわせ、それでも代替不可の指標は数値化にこだわり過ぎず、7つのゴールに向かっているか遠ざかっているかなどを町民と議論することを重視する。

自立と循環で目指す、一流の田舎

南砺市総合政策部エコビレッジ推進課　課長　**亀田 秀一**

1　富山県南砺市の概要

(1) 地勢

　南砺市は、富山県の南西部に位置し、面積は約669kmで、その約8割が白山国立公園等を含む森林である。北部は富山県砺波市や小矢部市、東部は富山市、西部は石川県金沢市と白山市、南部は1,000mから1,800m級の山岳を経て岐阜県飛騨市や白川村と隣接している。岐阜県境に連なる山々に源を発して一級河川の庄川や小矢部川が北流しており、豊かな水で地域を潤し、肥えた土地からの恵みをいただいている地域である。

(2) 自然の恵みと豊かな暮らし

　南砺市には、豊かな自然の恵みをいただき、大自然に感謝する心や相手を

思いやる「お互い様」の気質といった人々の心が育まれ、古くから「結」と呼ばれる相互扶助の仕組や"利他""もったいない"といった感謝の心を大切にする「土徳」という独自の精神風土が息づいている。また、世界が認める合掌造り集落をはじめ、散居景観や伝統芸能、祭、食、ものづくり産業など、かけがえのない財産が数多く育まれてきた。

　さらに、南砺市で暮らす人々は、奥ゆかしく、温かみがあり、忍耐強く、何事にも意欲に富んでおり、ここに生きる人そのものが、未来へと繋いでいかなければならない私たちのかけがえのない財産である。

2　人口減少と少子化高齢化がもたらす将来の課題

(1) 南砺市の人口

　南砺市では、人口減少と少子化・高齢化の進展が社会課題に繋がる問題となっている。

　南砺市の人口は、町村合併直後の2005年4月が58,980人、2021年4月が49,235人と、合併後16年間で約17％の減少となり、高齢化率は27.9％から38.6％へと上昇、年少人口比率は13.3％から10.1％へと減少している。

　また、社会増減では、2005年以降ほぼ転出超過であり、10歳代後半から30歳代前半までが転出の中心となっている。転出の理由は、10歳代後半から20歳代前半までは進学や就職、20歳代後半から30歳代後半は結婚や子育てというタイミングで親元を離れて新たな住環境を求めることが主となっている。

(2) 南砺市における将来の課題

　合併後16年間で、実に45％もの人口減少となった利賀村地域をはじめ、市の平均以上に人口が減少した3つの地域は、川の最上流の五箇山という山間地にある。資源の生まれる源である最上流の地域の環境が、人口減少の中で今後も維持され続けられるのか、将来への大きな心配事となっている。山

や川には、飲み水や森の栄養を海に
運ぶ役割、エネルギーでの利用など、
下流域に住む方々にとっても関心の
ある事柄である。

　南砺市人口ビジョンでは、2060
年の人口を22,588人、高齢化率を約
48％と推計している。今後も少子高
齢化の進展と若者世代を中心とした
市外への転出が続くと考え、次のよ
うな社会課題を想定している。

(参考) 住民基本台帳人口（2021年と2005年）

図1　南砺市の地域コミュニティと人口

経済面：人口減少に伴い就業人口も減少と予想。農林水産業や伝統産業など
　　で労働力が不足し、事業継承や成長力が阻害され、従来からの発想のまま
　　では市全体で経済活動の縮小が考えられる
社会面：一定規模の人口を前提として成り立っている従来型の医療や交通イ
　　ンフラなどの住民サービスが地域から消滅する恐れがあり、日常生活がよ
　　り不便になることで人口流出が一層進むという悪循環に陥る可能性がある
環境面：人口減少や少子化・高齢化による地域コミュニティや林業の担い手
　　不足、不在地主増加による所有地の不明瞭化、気候変動に伴う台風や豪雨
　　による倒木被害や害虫の異常発生等で、山林の荒廃がさらに進む恐れがあ
　　る

3　南砺市が進めてきた持続可能な地域づくり
キーワードは「自立と循環」

(1) 南砺市のまちづくりの方向

　人口減少や少子化、高齢化の進展に伴って想定される前述の社会課題の他、
地域住民は、地域コミュニティや日常生活の将来への漠然とした不安、全国

的に増えている豪雨災害や土砂災害などの自然災害に地域で対応できるかといった不安など、最近は私たちにとって「不安」と隣り合わせの暮らしが続いており、今回のコロナ感染拡大でその不安感はさらに広がっている。

　そんな中で南砺市が目指したのは、暮らす人々が多様な価値観を互いに認め合い、それぞれが幸せを感じ、「生まれてきてよかった」「住んでいてよかった」「これからも住み続けたい」と思えるまちであり、同時に市外の人に「行ってみたい」「住みたい」「繋がりたい」場所として選ばれるまちである。南砺市では、「自然との共生」「人と人の支え合い」が、社会課題や不安へ対応しつつ豊かさや幸せを実感できる暮らしに繋がると考え、南砺らしい新しい暮らし方として、豊富な地域資源を地域内でしっかり活用して経済やエネルギーを循環させることで、他へ依存するばかりでなく自立した地域を目指そうと、まちづくりの方向を定めた。

(2) エコビレッジ構想からSDGs未来都市へ

　2013年に策定した「南砺市エコビレッジ構想」では、基本理念を「小さな循環による地域デザイン」と掲げた。この構想は、自然と共生し、環境への負担が少ない暮らしを営み、お互い様の支え合い社会や地域の自給率と自立度を高めて安心して暮らせる社会の構築を目指している。地域資源を活用した再生可能エネルギーの活用などの6つの基本方針を示し、広い市域に点在する人や産業、資源をしっかり使って、地域資源（人、自然、経済、情報）の循環と交流、自立による持続可能な地域づくりに取り組んできた。

　そして、2015年に国連サミットで採択された「持続可能な開発のための2030アジェンダ」。SDGsが示す「誰ひとり取り残さない」持続可能な世界は一人ひとりの行動によって成し遂げられるという考え方は、私たちが取り組んできたエコビレッジ構想そのものであったことから、2013年から取り組んでいるアドバンテージを生かし、エコビレッジ構想をさらに深化させるためのセカンドステージとしてSDGs未来都市計画へ取り組むこととした。

(3) SDGs未来都市

　南砺市は、2019年にSDGs未来都市に選定していただき、そのタイトルは「南砺版エコビレッジ事業の更なる深化」としている。

　将来的に想定される社会課題や住民の不安へ対応しようと、「自然と共生し、地域資源を最大限に活用した様々な小さな循環が相互に連動し、支え合いの中で自立するコミュニティモデル」を確立することを"2030年のあるべき姿"として定め、これまで取り組んできたエコビレッジ構想を地域内で横展開・深化させようと、環境、経済、社会という3側面において次のような取り組みをまとめた。

環境面：豊富な地域資源を最大限活用した循環型社会の形成を目指す取組
経済面：伝統ある地場産業とコンテンツ産業による地域経済の活性化を目指す取組
社会面：地域の伝統文化と南砺らしさを正しく継承し、市民が健康で安心して暮らせる社会の構築を目指す取組

　加えて、これら3分野の取組全てに良い影響を与え、基盤となり、原動力にもなり得る次の3つを統合的取組として整理している。

・ 文化と教育の連携：土徳文化や伝統工芸を次世代に継承する取組や人材育成
・ 住民自治の再構築：課題を地域で解決できる住民参加による自治体組織形成
・ コミュニティファンドの創出：将来を担う若者の活動を地域の資金で支え、イノベーションとビジネスの創出を推進

　そして、南砺市全体が一体となって取り組むことで地域内での自立的好循環に繋がり、南砺版地域循環共生圏の将来像「南砺らしい暮らしを楽しみ、目に見えない豊かさが実感できる、一流の田舎」が実現できると考えている。

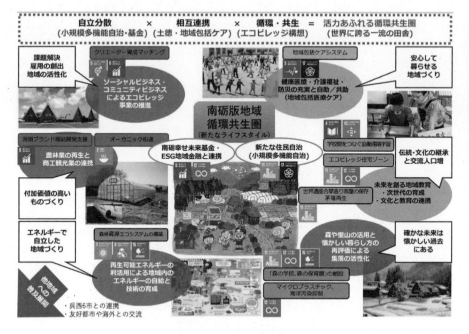

図2　南砺版地域循環共生圏の実装

4　自治体SDGsモデル事業

(1) SDGsモデル事業の統合的取組

　ここまでの説明のように、南砺市では「南砺版エコビレッジ事業」へ世界共通の目標であるSDGsを取り入れることで、エコビレッジ構想（「土徳文化」を次世代に継承する取組や支え合い、自然との共生、地域経済や資源の循環、人材の育成）の更なる深化に繋がるよう取り組んでいる。

　そして、SDGsモデル事業では、3側面に影響を与えて自立的好循環に繋げるよう、次の2つに取り組んでいることが特徴であり、前述のように統合的取組と位置づけている。

図3　自治体SDGsモデル事業

● 住民自治の再構築「小規模多機能自治の推進」：住民全員が参加し、地域
全体で地域づくりを行う自治組織の再構築と実践
● コミュニティファンドの創出「南砺幸せ未来基金」：市民活動を資金面や
ノウハウ、人的ネットワークなどで支援する市民発のファンド

(2) 住民自治の再構築「小規模多機能自治の推進」

ア．概要

　従来から、南砺市では地域の行政依存が強く、行政の支援や助成を要望し
た上で困りごとや課題へ対応されてきた。しかし、人口減少や少子高齢化が
今後さらに進行し、担い手が不足していくことを見据えると、ますます多様
化、複雑化する地域の課題へ、これまで同様、行政が支援や対応しきれるも
のではない。

そこで、従来、行事やイベント中心だった住民自治組織を、自らが地域のために活動する課題解決型の組織へと、そして他へ依存しすぎない自立する地域へ生まれ変わらせようと、小規模多機能自治の手法を取り入れた新たな住民自治の仕組づくりに取り組んでいる。

イ．対象となる地域コミュニティの状況

　南砺市では、約17,500世帯が大小様々な300以上の自治会・町内会を構成し、さらに小学校区を範囲として31の地域コミュニティが組織されている。そして、住民の半数以上が65歳を超える"限界集落"が年々増加し、日常生活や災害時の支え合いの基盤となるコミュニティの維持、存続が喫緊の課題となっている。

ウ．市民との協働から新たな住民自治へ

　2008年、田中市長の当選とともに、市民が市政へ主体的に参画し、行政と対等の立場で役割と責任を明確にして、市民の声や意思を行政運営や地域づくりへ反映し、協働で地域課題を解決するまちづくりの方向性を示した。2012年には、市民会議で「南砺市まちづくり基本条例」の策定と「協働のまちづくり推進会議」を設置し、新たな住民自治の検討を始めた。

　そして2016年度、協働のまちづくりの実現へ住民自治組織の自主性や自立性が期待される中、住民自治の連合団体と市では、全国的に広がりを見せている小規模多機能自治の手法の導入を検討。先進的に取り組んでいた島根県雲南市を先行例として習い、住民との2年間の学びやワークショップ、検討会議を経て、2019年4月に新たな住民自治組織「地域づくり協議会」を設立した。地域の課題や困りごとを住民自ら考え、行動し、解決していく真の住民自治組織が、まずは市内28地区で立ち上がり、翌年度に残り3地区でも設置され、市内全域で組織された。

エ．南砺市型小規模多機能自治：自分で決める＋支え合う　真の住民自治の実践へ

地域づくり協議会の立ち上げに際し、次のような方針を掲げた。

・ 地域の課題の洗い出しや解決方法、地域組織のあるべき姿の学びの中で、多くの住民で話し合い、一人ひとりが地域の問題に関心を持ち、将来を見据えて課題解決にあたる姿勢が大切であること

・ 地域に必要な事業を地域住民参加のもとで効率的に取り組み、地域課題を克服していくこと

　これまでの地域コミュニティの組織運営は、縦割りで組織が決まっており、新たな課題へ対応する柔軟性や人材が乏しい体質であった。また、地域の代表者や世帯主に頼った既存の体制では、個々の事情に合わせたり、迅速に対応したりすることが難しかった。さらに、住民へのアンケートや意識調査から、地域のボランティアや助け合いの実働の中心が一部の住民に偏っていることが明らかになった。また、会議と現場の主体が異なることなど、現在の地域コミュニティの体制に課題があったことから、縦割り組織の解消・地域住民の全員が地域づくりの責任者であるという意識改革を行い、自由で柔軟な新たな地域づくりの体制と次のような組織づくりを進めた。

●**組織のスリム化と無駄の排除**
　◇行事や事業の統合や回数を見直し、福祉事業などをコミュニティビジネス化して自ら資金を稼ぐ体質へ
　◇組織の部会や団体は毎年度事業評価し、組織構成を見直す
　◇無駄な会議の廃止と会議時間の短縮により時間を効率的に活用するよう心掛ける
●**地域運営組織　地域づくり協議会**
　◇自治振興会（住民自治）、公民館（生涯学習）、地区社会福祉協議会（福祉）を解体、一本化し、課題に応じた部会を地区住民が考える

◇公民館をコミュニティセンター化し、地域づくりへ取り組む拠点とする

◇各地域に事務局長、地域指導員が常駐し、常勤職員を地域内で採用し、地域課題の解決事業へ取り組む体制を作る

◇部会制による地域課題解決体制の整備

◇各種地区組織との協働体制の整備

　こういった組織体制が整うことで、住民は、自分たちで課題を見つけ、対応方法を決定し、実行するという新たな住民自治を実践し、行政は必要な人件費と使途が自由な交付金で組織運営や活動を支えている。

オ．中間支援組織　（一社）なんと未来支援センター

　新たな住民自治組織や地域の団体にとって、まちづくり、地域づくりを自分たちの手で行っていくには、ノウハウも、知識も、資金も乏しい。そこで、うまく機能を果たせるよう、民（住民・事業所等）と官（行政）を繋ぐ公（公共）の立場で、中間支援組織が民間主体で行政との協働で立ち上がっている。

　中間支援組織2団体のうちの一つである一般社団法人なんと未来支援センターは、小規模多機能自治の円滑な運営のサポートを担っており、会議運営や会則、労務管理などの基本的な事務事業の講習会やアドバイスをはじめ、住民主体の組織運営や事業実施のための相談窓口となったり、情報発信を担ったりしている。

　また、各地域の取組発表会や具体的な課題に対して全協議会で意見交換を行う円卓会議などの開催を通して、地域間の連携や情報交換の機会を提供し、地域が自分たちで課題を見つけ、やりたいことを実行できるよう支援している。

　あわせて、行政からの受託事業として、婚活事業や移住定住事業、地域課題をコミュニティビジネスに繋げる「なんと未来創造塾」などにも取り組み、南砺市への移住や地域で事業活動される新規参入者の相談や事業企画運営への助言、ネットワークづくりに取り組んでいる。

　小規模多機能自治へ取り組んで4年目。地区によって活動の内容や広がり

南砺市では、2つのまちづくり中間支援組織が、市民や地域の活動を支えています。
地域の課題や困りごとなどを2つの組織で共有し、活動される方と自立へ取り組む地域をつなぎ、
支え合う地域の力を育て、より元気な地域となるよう、連携して市民を支援しています。

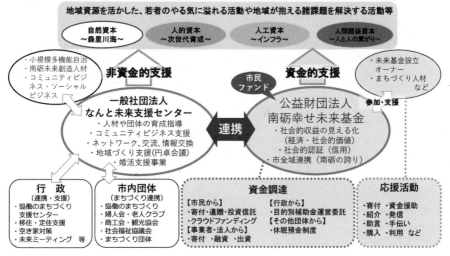

図4　パートナーシップで住民自治を支える（三つの分野をつなぐ総合的取組み）

に差があるものの、住民主体の介護サービス（通所型サービスB）として住民自身がサービスを提供したり、災害時の地域での支え合いの行動を確認したり、コロナ禍で困っている方を支援したり、地域の将来像を考える会を熱心に開催しているといった活動が見られる。若者から高齢者まで幸せに安心して暮らせる地域に向けて、着実に前進していると感じている。

(3) コミュニティファンドの創出「南砺幸せ未来基金」

ア．概要

　地域のまちづくり活動を支援する中間支援組織の一つである公益財団法人南砺幸せ未来基金は、活動範囲を南砺市内に限定した「コミュニティ財団」である。南砺に暮らす人々が支え合い、自然と共に持続可能な循環型社会が構築できるようにという願いのもと、地域特有の課題解決に必要な資金提供と成果を挙げるための伴走支援の役割を担い、非資金面を支援するなんと未

来支援センターと共に、愛着と誇りある南砺市を次世代に引き継げるよう取り組んでいる。

イ. 基金の設立

　2017年に設立され先進的に取り組んでいた滋賀県東近江市の「三方よし基金」を先行例として習い、南砺幸せ未来基金は「自分たちの住む地域の未来を自分たちの手で持続可能な地域をつくる」をミッションとして、2017年11月に基金設立発起人会、2018年4月に基金設立準備会を設置した。市民を中心に275名から寄せられた323万円の寄付金を基本財産として、2019年2月に一般財団法人南砺幸せ未来基金を設立、同年12月に公益財団法人として認定された。

　2022年4月末現在、総額18,961,027円の志が寄せられ、次世代を担う若者や女性等の活気あふれる活動を地域の志金（寄付金など）で支援している。

ウ. コミュニティ財団の役割

　この基金は、「コミュニティ財団」であり、地域性及び市民性をその特徴としている。

●地域性
　◇全国を対象とせず、地域に根差した組織であること
　◇地域が持つ、文化、暮らし、課題に寄り添い地域のための組織であること

●市民性
　◇特定の企業や個人、行政が設立したものではない、市民立の組織であること
　◇市民一人ひとりの課題解決を支える意思が生み出したものであること
　そして、地域課題解決に向けた事業の助成、地域内資金循環の調査・研究、寄付文化醸成のための普及啓発を主な活動としており、次の7つのテーマに

沿った市民のまちづくり活動を支援している。

1　暮らしを支える
2　森里川海の繋がりを保全する
3　生業・起業・ものづくりを支える
4　地域の食と農業を支える
5　子ども・若者を支える
6　再生可能エネルギーを支える
7　地域の歴史・土徳文化を支える

エ．助成メニュー

●頑張る人・地域応援事業

　上限30万円を助成するこの事業では、地域や団体が取り組む、地域資源を活かした活動を支援することを目的として、事業化段階で必要となる資金を支援している。

●事業指定寄付プログラム

　地域課題の解決に真摯に取組む市民活動を支える社会を作るために、寄付先のプログラムを指定する寄付制度であり、寄付文化を創り出すことも目的としている。

●休眠預金等活用助成

　休眠預金等を社会課題の解決や民間公益活動の促進のために活用する制度を利用し、地域課題の解決へ取り組む活動を支援している。

オ．課題とロードマップ

　公益財団法人の認定を受けて3年目。南砺幸せ未来基金は、寄付金に加えて市の委託事業と別団体からの助成金により運営している。設立当初策定した5カ年ロードマップで目標とした2023年度以降の自走に向けて、年度目標を確実に達成しているものの、活動の基盤となる寄付の強化が課題となっている。現在、知名度を高めること、助成事業の成果を広く発信することを通じて寄付文化を広げることに取り組んでおり、寄付により事業を支えるサポーター会員制度を創設し、市民だけでなく市内外の企業へも活動内容への賛同や理解を得られるよう働きかけている。

また、助成活動を通じて、地域課題解決には資金を提供するだけではなく、伴走支援（できる人材）の必要性を強く感じ、プログラムオフィサーの育成へも取り組んでいる。

　今後、地域内経済循環の向上へ行政と連携して電子地域通貨の実装へ向けた検討を進め、あわせて民間資金を活用したソーシャルインパクトボンドの研究にも取り組む予定であり、地域のやりたいことの実現と地域の自立・循環が進むよう、市民のための、市民による支え合いがさらに進むよう期待している。

5　まとめ

　南砺市では、2020年度からスタートしている第2次総合計画において、目指す将来像を「誰ひとり取り残さない、誰もが笑顔で暮らし続けられるまち

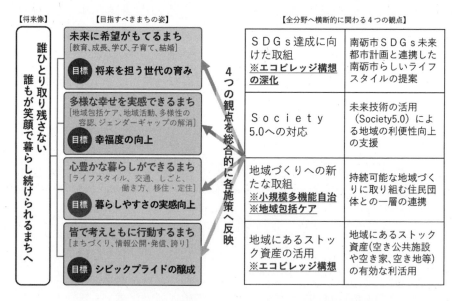

図5　2030年までに実現したいこと（第2次南砺市総合計画）

へ」としている。

　そして2030年までの8年間は、目指す将来像に向かい市民一丸となって、覚悟を持って取り組まなければならない極めて大切な時期である。自然や伝統、文化といった世界に誇れる財産を活かし、市民一人ひとりが互いに認め、支え合いながら行動していくことが必要である。「南砺」に暮らす私たちが、この土地の豊かさや暮らしに感謝と誇りを持ち、互いを信頼し、誰ひとり取り残さない地域社会である「一流の田舎」を目指し、次代を担う子どもたちが笑顔で暮らし続けられる南砺市を実現していく。

共創をうみだす日野リビングラボの取組

—SDGs推進の基盤として

日野市企画部企画経営課戦略係　係長　**鈴木 賢史**

1　はじめに

　日野市（所在地：東京都日野市、市長：大坪 冬彦）では住民や福祉介護等の専門機関、教育機関、行政、民間企業など多様な主体の参加により、社会課題解決とサービスの社会実装を目指す「日野リビングラボ[1]」などの取組を推進してきた。2019年7月には共創や対話をキーワードとしたSDGs未来都市計画を作成、2019年度SDGs未来都市に選定されている。

　現在、共創やリビングラボなどの取組は、主に広域行政や政令指定都市、民間企業などで行われているが、筆者は生活者などの多様な主体者と密接に関わる基礎自治体こそ有効に活用できると考えている。本稿では日野市の考え方や事例を紹介しつつ、共創とSDGsの関係を整理するとともに、自治体職員として求められる振る舞い等について考え、地域におけるSDGs推進の基盤として求められるものを検討する。

2　なぜ日野市はSDGsに取り組むの

　日野市は東京都心から西に35km、東京都のほぼ中心部に位置している。多摩川と浅川の清流に恵まれた緑豊かな住宅都市（ベッドタウン）という一面と、市の北西部に工場や事業所が集積する産業都市という面を併せ持つま

---

1)　「日野リビングラボのご案内」日野市　https：//www.city.hino.lg.jp/shisei/keikaku/senryaku/kigyo/1008798/1008801.html　2022年5月23日確認

ちである。

　日野市は現在のところ人口微増の傾向は続いているが、今後10年で人口減少に転じ、高齢者人口の急増に伴う医療・介護分野などへの影響が深刻化することが想定されている。また、世界金融危機以降、市の根幹を担う複数の大規模事業所の生産拠点が閉鎖・研究開発拠点化しており、地域経済の在り方にも変化が生じている。2000年頃にはごみ処理の問題が地域においてもクローズアップされてきたが、更なる資源化や、気候危機への対応も必要となっている。

　ここで挙げた課題は東京圏域の郊外都市における共通課題であるが、これまでは社会・経済・環境という3つの分野で分断して取り組まれる傾向にあった。しかし、SDGsでは社会・経済・環境を統合的に捉え、新しい発想を促すことで、持続可能な世界の実現を目指すことが期待されている。この視点を基礎自治体レベルの政策に取り込み、郊外都市における社会・経済・環境の統合的な変革のモデルを目指すことが日野市におけるSDGs推進の目的である。【図1】

図1　日野市におけるSDGs推進の方向性

取組の基盤となるものが、共有価値創出を目指すパートナーシップの推進である。これまで日野市では市民・企業・行政の対話によって、様々な社会課題の解決、地域価値の創出に取り組んできた。地域で培われてきた姿勢を、日野市では"諸力融合"という言葉で表し、全ての施策の共通概念としている。これはSDGsのゴール17「パートナーシップ」に合致し、ゴール16、17のターゲットに掲げられるマルチステークホルダーの実践として、市民、企業、NPO、大学、行政等が目標を共有する継続的な対話関係の実現を目指している。そうした関係性の中から、あるテーマに基づいて学び合いながら取組を進めていく場を「日野リビングラボ」と定義している。

3　対話によるまちづくりの経験

　JR中央線豊田駅北側の多摩平エリアは、市北西部に集中する大手製造業の事業所などの"玄関"であるとともに、イオンモール多摩平の森などの商業施設や多摩平の森団地（旧多摩平団地）などの住宅、日野市立病院などの公共・公益施設、教育機関などが立地している。

　日野市では1995年から住民・UR・行政の3者協働による多摩平団地の建て替え事業と併せた周辺地域の再開発を行ってきた。これらの取組は、エリア全体の価値を長期的に上げることを共通目標としており、結果的に商業施設や民間分譲マンション、医療福祉の拠点など民間の投資を呼び込むなど、まちの価値を高めることにも繋がっている。

　地域レベルでは前記のような対話によるまちづくりを進めたことにより一定の成果が得られたが、社会全体ではグローバル化が進展するなど不透明さを増していった。こうしたことから2010年前後には市内大手事業所の撤退表明が相次ぐなど、地域経済の構造が大きく変化していった。2014年からは対話の対象を地域内外の民間企業にも広げ、中長期的な信頼関係の構築と社会関係資本の充実を目指し、官民双方が社会課題を共有する取組をスタートした。

4　身近な課題を新たな取組のタネに

　日野市においては、急激な人口増加により、住宅（生活の場）と工場（産業）が物理的に近接し、騒音などの生活環境問題が生じていた。そのため、生活の場と産業が近いにも関わらず、双方は「生産者・消費者」と相反するものとして考えられてきた。行政においても、民間分野に公共は積極的に関わるべきではないという意識があり、大手事業所との継続的な意見交換なども行われてこなかった。

　企業訪問や勉強会などを通じて改めて関係性を築いていく中で、企業も地域、とりわけ社会課題に対する関心が高く、生きた課題を基にした事業化の意向も強いということが分かってきた。こうした意向と併せて、アイデアを社内のラボで仮説的に実験することはあっても、社外に持ち出して試行し、議論できるオープンな場がなかったため、そうした場が求められていた。

　ここで得られた声などを参考に、日野市の立地特性である暮らしと企業の近さを活かして両者を結び付け、相乗効果を生み出すことを目指す「生活課題産業化」事業を開始した。

　生活課題産業化では、生活の場と産業の場それぞれを「課題が生まれる暮らしの現場」と「課題解決リソース」として再定義している。住民にとっては生活上の困りごとが解決されるきっかけとなり、企業にとってはアイデアを試すことができる相互を補完する関係性に変化させていくことを目指す。この構想を実現するため、官民の「共創パイロットプロジェクト」を立ち上げ、企業が持つリソースを基に新たな技術やサービスの実証に向けた協議を開始した。しかし、4つのプロジェクトを2年にわたって事業を推進してきたものの、実証や具体的な取組に繋げることができなかった。

5 学び合える関係性をめざす

「共創パイロットプロジェクト」では複数の事業者間での課題共有や現状把握が進んだものの、具体的な活動については協議から先に進めることができなかった。

なぜうまくいかなかったのか。社会課題という切り口であっても企業の視点が強く、住民が共感できる取組にならなかったことが考えられる。また、当時は官民連携・共創などを掲げる自治体は少なく、市内部での理解も進みにくかった側面もある。パートナーシップの観点からも、企業は行政に協力すべきもの（公への民の協働）という意識もあり、社会課題を起点とした継続的な関係性を築きづらかった面もあった。その結果、企業や行政が住民にサービスを提供するという一方向の関係性を変えることができなかったと考えられる。

一方で産学官民の顔の見える関係が進んだことなどから、介護や福祉、コミュニティといった分野では企業や専門機関、行政などでの課題共有などこれまでにはなかった交流が生まれ始めた。また、官民での取り組みを進めるためには、マッチングの機会を増やすだけでなく、立場の違いから生じるコミュニケーションや使っている言葉の違いを汲み取り、双方に伝える中間支援的な取組が重要であることが成果として分かってきた。

例えば「高齢者」という言葉を使っていても、それぞれの認識は異なっている。行政は介護保険の基準や年代のことを考え、企業は一般的な高齢者像を想定し、高齢者支援を行なっている専門機関や団体は特定の誰かを想像する。中立的な立場だからこそ、行政は個々の経験に基づく少しの違いに気づき、関係者のギャップを埋めやすくするような役割が求められていると感じている。

得られた成果や気づきを「住民や専門機関、企業など立場によらないフラットな関係性」「取組をオープンに共有できる場」「相互に学び合うことができ

る場」の3点に集約し、創発的な対話と実験の場であるリビングラボの要素を踏まえ、2019年に「日野リビングラボ」を試行的に立ち上げた。

6　日野型のリビングラボ

　日野リビングラボでは、住民が暮らしの中で感じる生活課題を、地域における多世代の繋がりや互助をテーマとし、子育て世代からシニアまで多世代の市民や企業、サービス開発者の継続的な対話を行なっている。「私自身」に焦点をあてて、自身のありたい姿からニーズやリソースを深掘りしていくことを共通の進め方としている。【図2】

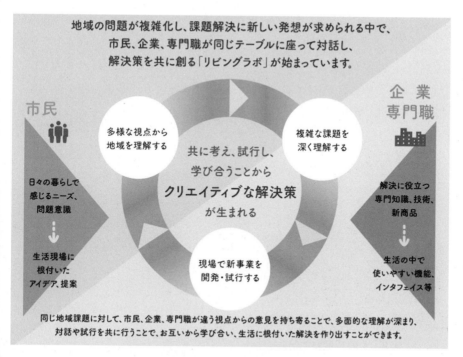

図2　日野リビングラボで目指すサイクル

行政が主催するまちづくりのワークショップなどにおいては、まちや地域の課題を考えるところからスタートすることも多い。まちの専門家である行政職員は、公的なサービスや公益性を起点に考えることに慣れているが、生活者は必ずしも民間・公共サービスを切り分けて考えてはいない。日中は勤務先に出ている現役世代であれば、なおさらまちの課題は考えづらい。こうしたことから、課題を出す場にはまちの課題を考えることに慣れた方が参加することも多く、行政職員も自然とお客さまとして接することになりがちである。

　そうした取組も必要ではあるが、SDGsのいうマルチステークホルダーの実現という視点では、消費者と提供者という関係性だけではない、課題やプロセスを共有できるような関係性を作っていくことも求められている。

　一つの事例ではあるが、通信会社とのスキルシェア実証事業を行った「シェアエコリビングラボ」においては、行政はプラットフォームを用意し、最初の出会いの場を作ることに専念した。地域内の互助の仕組を検討するという目的であったが、印象的だったのは参加者一人ひとりが多様な顔を持っていることである。仕組としては、「できること」と「してほしいこと」を市民がオンライン上に登録して相互にやり取りするものであるが、実証期間前後で約170件のできることが登録された。【図3】

　この取組からは、70代の男性と空き教室の活用を考えていた民間の学習塾がコラボレーションしたことで始まった「スマホの操作を教え合う教室」などが生まれ、コロナ禍を経てデジタルデバイド対策としてのスマホ教室として現在も定着している。

図3　民間学習塾で始まった
スマホの操作を教え合う教室

7　行政の強みを生かす

　ここまで、日野市での取組事例を紹介してきた。ここからは事例を参考としながら、多様な主体者を繋いでいくために検討した方がよい要素とは何かを考察したい。

　基礎自治体において、多様化する全ての領域やニーズを単独で課題解決していくことは難しくなっている。これは、様々な分野においても近しい課題認識があるのではないだろうか。

　多様なリソースと協働・共創していくためには、まず多種多様なリソースを主体者として「①認知」しなければならない。また、様々な主体者を有機的に「②繋げる」だけでなく、必要に応じて「③ほどく」ことも前提とすることが望ましい。課題や目的に応じてチームやコミュニティの構成員が変化しても、緩く長く関係性は残っていく。

　また、年齢や属性、思惑もばらばらな人々が集う中で、住民は住民の、企業は企業のやりたいことがある。取組の時間軸や方向性も異なるため、一つの大きな組織体や協議体として扱うのは難しい。そのため、「④バックキャストによる大きな方向性を共有すること」と、それぞれの取組や結果を全体ビジョンの中に「⑤意味づける」ことが重要になってくる。

　また、どんなに良い場や取組であっても、固定化された関係性の中では声の大小が作用してくる。そうした「いつものメンバー」から抜け出す時に重要な役割を果たすのが新たなメンバーの存在だ。新たなメンバーが参加しやすくなるためにも、「⑥課題を外に開く」ことを前提とした設計とすることを、チームやコミュニティの構成員における共通認識としておきたい。

　これらは価値共創の取組やリビングラボを設計する上で現在設定している参照事項であり、日野市では「守（も）り立てる場」として定義している。「多様な主体により場を活性化する」ことを目指すのでなく、「多様な主体が活きることで結果的に場が活性化する」ことを目指す考え方である。【図4】

	目指す姿	気を付けていること
①認知する	補完する存在	個人のできることに目を向ける
②つなげる	関係資本を強化する	中長期の視点から相互の信頼関係をつくる
③ほどく	関係性を残す	解決したら解散する
④方向性を共有する	同じ方向を目指す	相手の目標・目的、暗黙のルールを正しく理解する
⑤意味付ける	したい！を話す	主観度が高く、共感できることを話し合う
⑥課題を外に開く	変えながらつくる	課題がわかることも成果の一つ

図4　守り立てる場の実践で目指すパートナーシップの姿

　人口増加を背景とした「成長社会」から、人口減少を前提とした「成熟社会」へと転換するにつれてヒト・モノ・カネといった有形の資源が減少していくのは避けられない。パートナーシップ型での課題解決アプローチが注目される中で、地縁や地域の文脈、知識、情報といった無形の資源の価値を活用するとともに、充実させていくことも必要である。行政の強みの一つは、小さな取組をエンパワーメントしていく信頼供与であり、それが地域や社会の持続可能性を高めることに繋がっていく。事務所掌などによる制約はあるが、中立的な視点から個々の分野を越境していくことが行政職員には求められているのではないだろうか。

　しかし、これらの取組は言うが易いが実践するのは難しい。日野市においても、様々な取組が企図され、チャレンジしやすい未来が実現できるよう、微力ながら取組を続けていきたい。

自治体初のサステナビリティボンド 『北九州市SDGs未来債』 発行の取組について

北九州市財政局財務部財政課 財政企画担当課長　**柳井 礼道**

1　はじめに

　北九州市では、2018年6月に国から「SDGs未来都市」に選定されたことを受け、「北九州市SDGs未来都市計画」を策定した。同計画の2030年のあるべき姿として、SDGs戦略ビジョンである『「真の豊かさ」にあふれ、世界に貢献し、信頼される「グリーン成長都市」』の実現に向けた取組を推進している。

　これらの取組のための資金調達の一環として、2021年10月に自治体初のサステナビリティボンドとして、『北九州市SDGs未来債』（機関投資家向け：100億円、個人投資家向け：5億円）を発行した。

2　北九州市について

(1)　北九州市の概要

　北九州市は、1963年に、門司、小倉、若松、八幡、戸畑の5市が合併して誕生した、五大市に次ぐ全国6番目、九州では最初の政令指定都市である。

　本州と九州の結節点に位置する、陸上交通、海上交通の要衝であり、東アジア地域に近いという地理的特性から、近代日本の工業化を支えるものづくりのまちとして発展してきた。

　近年では、かつての深刻な公害を克服する過程で培った「市民力」や「も

のづくりの技術」を活かし、「環境モデル都市」「環境未来都市」として、環境分野での「国際協力やビジネス」や「循環型社会づくり」などの取組を進めるとともに、「世界の環境首都」を目指したまちづくりを推進してきた。

　これらの取組により、1990年に国連環境計画の「グローバル500」、1992年の地球サミットでは「国連地方自治体表彰」を受賞している。日本政府からも、2011年に環境・社会・経済を統合する「環境未来都市」、2017年には「第一回ジャパンSDGsアワード」でパートナーシップ賞を受賞し、2018年4月にはOECDから「SDGs推進に向けた世界のモデル都市」にアジア地域で初めて選定、同年6月には国内最初となる「SDGs未来都市」に他の28都市とともに選定された。また、「SDGs未来都市」のうち、優れた取組を提案した自治体のみが選定される「自治体SDGsモデル事業」にも選定されるなど、本市のSDGsの取組は高い評価を受けている。

(2) SDGsに関する取組方針について

　本市では、「誰一人取り残さない社会の実現」というSDGsの理念を踏まえ、2018年8月に「北九州市SDGs未来都市計画」、2021年3月に第2期計画を策定した。

　この計画では、「SDGs未来都市」として、「『真の豊かさ』にあふれ、世界に貢献し、信頼される『グリーン成長都市』」というSDGs戦略（ビジョン）を掲げ、「環境と経済の好循環による『ゼロカーボンシティを目指すまち』」「SDGsを踏まえた教育の実践による『未来の人材が育つまち』」など5つのあるべきまちの姿を示し、この達成に向けて経済・社会・環境の3側面に統合的に取り組んでいる。

　このSDGsを原動力に地方創生や地域活性化を図り、「市民生活の質（QOL）の向上」「都市ブランド力の向上」に繋げ、「SDGsのトップランナー」を目指すことで、「日本一住みやすいまち」の実現に繋げていきたいと考えている。

資料1　北九州市のSDGs戦略（ビジョン）

【北九州市のSDGs戦略（ビジョン）】

◆2030年のあるべき姿
「真の豊かさ」にあふれ、世界に貢献し、信頼される「グリーン成長都市」
～ ポストコロナの新しい生活様式に対応した「日本一住みよいまち」の実現 ～
・社会課題解決につながる「持続可能なビジネスが生まれ、育つまち」
・ダイバーシティの推進による「みんなが活躍できるまち」
・SDGsを踏まえた教育の実践による「未来の人材が育つまち」
・環境と経済の好循環による「ゼロカーボンシティを目指すまち」
・アジア諸都市を中心とした「世界のグリーンシティをけん引するまち」

◆SDGs戦略（ビジョン）達成に向けた取り組み
〈経済〉
(1) 先進のまちを目指した新たなビジネスやイノベーションの創出（風力発電関連産業の総合拠点化 など）
(2) 地域経済における自律的好循環の形成（企業立地の促進による雇用創出 など）
(3) 働く場の地方分散・柔軟な働き方の普及（移住・定住の促進 など）
(4) 新たな企業価値を生み出すSDGs経営の普及（SDGs経営を先進的に取組むモデル企業の発信 など）
〈社会〉
(1) ダイバーシティの推進等による誰もが活躍できる場の創出（誰もが働きやすいまちづくり など）
(2) 市民参加型の活動による生活の質（QOL）の向上（災害に強いまちづくり など）
(3) 市民の健康（幸）寿命の延伸（健康づくり推進員の活動 など）
(4) 変革を支え、リードする教育・人材育成の推進（子どもに関する経済的・社会的な課題への対応 など）
(5) 感染症に対応した安心して暮らせる社会の構築（感染症対策の推進）
〈環境〉
(1) 脱炭素エネルギーの安定的な供給体制の構築（エネルギーの脱炭素化 など）
(2) 市民・企業との協働による循環システムの構築（世界をリードするエコタウンの形成 など）
(3) コンパクトなまちの形成によるストック型社会の創造（公共施設マネジメントの推進 など）
(4) 技術と経験を生かした国際貢献の推進（官民連携による海外水ビジネスの展開 など）

3　サステナビリティボンド（愛称「北九州市SDGs未来債」）について

(1) 発行の目的について

　本市は、人口減少や少子高齢化、産業構造の変化といった「将来の日本の大都市が抱える課題」に一足早く直面しており、本市のSDGs達成へ向けた

取組は、まさにこうした課題の解決に資するものであり、SDGsを原動力とした地方創生の推進に全力を挙げて取り組んでいる。

2021年度から第2期目の「北九州市SDGs未来都市計画」がスタートしており、SDGs戦略（ビジョン）であるグリーン成長都市の実現に向け、経済・社会・環境の3つの柱を掲げて様々な取組を推進している。

これらの取組を着実に推進するための資金調達の一環として、サステナビリティボンドを発行した。

調達した資金については、再生可能エネルギーなどの脱炭素社会の実現に向けた環境改善効果のある事業や、気候変動により近年頻発する豪雨災害等から市民を守る防災対策、未来を担う人材を育成するための施設整備など、社会課題の解決に資する事業に活用していく。

また、サステナビリティボンドの発行を契機として、「風力発電関連産業の総合拠点化」や「環境、上下水道分野における国際貢献」など、SDGsに関する本市の先進的な取組についての投資家や市民等の理解促進を図り、SDGsに関する認知度向上と行動の促進、拡大、加速化にも繋げていきたいと考えている。

資料2　参考：その他の関連計画

○北九州市地球温暖化対策実行計画（令和3年8月）
○第2期北九州市循環型社会形成推進基本計画（令和3年8月）
○北九州市災害廃棄物処理計画（令和元年6月）
○北九州市地域防災計画 災害対策編（令和3年2月修正）
○北九州市国土強靱化地域計画（令和2年2月）
○北九州市上下水道事業中期経営計画2025（令和3年3月）
○第2次北九州市生物多様性戦略（2015－2024年度）（平成28年3月）
○第2期北九州市子どもの未来をひらく教育プラン（令和元年8月）
○元気発進！子どもプラン（第3次計画）（令和元年11月）
○北九州市公共施設マネジメント実行計画（平成28年2月）

(2) 調達資金の使途とSDGsとの整合性について

　サステナビリティボンド発行により調達した資金は、「温室効果ガスの排出削減」「エネルギーの利用削減」「水災害など発生時の浸水被害・土砂災害

資料3　対象プロジェクトの想定される効果一覧

	適格カテゴリー	プロジェクト及び主な SDGs との整合性	プロジェクト概要	想定される効果
グリーンプロジェクト	・再生可能エネルギー	・風力発電関連産業の総合拠点化	・響灘地区の充実した港湾インフラと広大な産業用地を活用した、風力発電関連産業の総合拠点の形成	・温室効果ガスの排出削減
	・気候変動への適応 ・持続可能な水資源・廃水管理	・風水害・高潮災害の予防	・河川整備 ・上下水道整備 ・港湾整備 ・道路整備	・水災害など発生時の浸水、土砂被害の緩和 ・水災害など発生時における安全・安定的な水道インフラの供給 ・汚水の放流先の汚濁負荷低減
	・気候変動への適応	・都市型災害の予防	・災害時の情報収集・伝達体制の整備（総合防災情報システム構築）	・自然災害からの被害の予防
	・汚染の防止及び抑制	・災害廃棄物処理への対応	・ごみ処理施設等の整備	・大気汚染物質の排出削減 ・水質汚染物質の排出削減
	・生物自然資源及び土地利用に係る環境維持型管理	・自然環境の保全	・地域固有の生態系の保全と自然環境に配慮したまちづくり（公園整備等）	・干潟の環境維持 ・多種多様な希少生物の生息地の保全
	・エネルギー効率	・公共施設の更新・改修（グリーン・省エネ）	・公共施設のエネルギー消費量の削減（市保有施設の照明の LED 化や老朽化施設やエネルギー多消費施設における省エネ機器の採用等）	・温室効果ガスの排出削減 ・エネルギーの利用削減
ソーシャルプロジェクト	・必要不可欠なサービスへのアクセス <対象となる人々> 子育て世帯、女性、子ども、障がい児、教育関係者、一般の人々	・子育て・教育環境の整備	・特別支援学校整備 ・総合療育センター整備 ・子ども総合センター整備 ・保育所等整備 ・小中学校等整備 ・新科学館等整備	・誰一人取り残すことなく未来を担う人材を育成する環境を整備
	・手ごろな価格の基本的インフラ設備 <対象となる人々> 一般の人々、自然災害の罹災者	・公共施設の更新・改修（ソーシャル）	・区役所の自家発電設備整備 ・避難場所、消防施設等の整備・改修	・防災機能の強化等

の緩和」「汚染物質の排出削減」「多種多様な希少生物の生息地の保全」「子育て環境の提供」「包括的、効果的な学習環境の提供」「基本的インフラの提供」といった便益を見込んで、グリーン/ソーシャル適格プロジェクト分類に該当する事業に充当する。

　また、当該フレームワークを策定してサステナビリティボンドを発行することは、市内のESG債への投資・発行を促す一助となることに加え、国連の持続可能な開発目標（SDGs）の「3：すべての人に健康と福祉を」「4：質の高い教育をみんなに」「5：ジェンダー平等を実現しよう」「6：安全な水とトイレを世界中に」「7：エネルギーをみんなにそしてクリーンに」「8：働きがいも経済成長も」「9：産業と技術革新の基盤をつくろう」「10：人や国の不平等をなくそう」「11：住み続けられるまちづくりを」「12：つくる責任つかう責任」「13：気候変動に具体的な対策を」「14：海の豊かさを守ろう」「15：陸の豊かさも守ろう」の達成にも貢献するものと考えている。

(3) サステナビリティボンドの活用事業について

　「北九州市SDGs未来都市計画」で掲げるSDGs戦略（ビジョン）達成に向けた取組に係る施設整備事業が、サステナビリティボンドの活用事業となる。
　2021年度に実施した主な事業は、次頁資料4の通り。

資料4　サステナビリティボンド活用事業

サステナビリティボンド活用事業（令和3年度に実施する事業）
　本市のSDGs未来都市計画で掲げる、SDGs戦略（ビジョン）達成に向けた取組に係る施設整備事業

ESG債のイメージ　　両方の特徴を併せ持つ債券
サステナビリティボンド

**グリーン
ボンド**

環境改善
効果

◎再生可能エネルギー（洋上風力発電関連事業）
◎気候変動への対応（豪雨災害等から市民を守るための防災対策）
◎汚染の防止及び管理（廃棄物処理関連事業）
◎自然環境の保全（公園整備事業）
◎エネルギー効率（公共施設の省エネルギー化の推進）
◎誰一人取り残すことなく未来を担う人材を育成する環境整備
　（特別支援学校、総合療育センター、子ども総合センター、保育所、
　　小・中学校、新科学館の施設整備など）

**ソーシャル
ボンド**

社会的課題の
解決

1) グリーンプロジェクト
◎再生可能エネルギー

洋上風力発電関連事業

◎気候変動への適応①

豪雨災害等から市民を守る防災対策

【河川整備・護岸工事 [a] 】

◎気候変動への適応②

豪雨災害等から市民を守る防災対策

【河川整備・護岸工事 [b] （整備前）】

【河川整備・護岸工事 [b] （整備後）】

◎気候変動への適応③

豪雨災害等から市民を守る防災対策

【総合防災情報システム構築】

◎汚染の防止及び管理

廃棄物処理関連事業

【新日明工場建設事業】

◎自然環境の保全

公園整備事業

【曽根・豊岡地区公園整備事業】

◎エネルギー効率

公共施設の省エネルギー化の推進

【照明の LED 化や空調設備の改修】

2）ソーシャルプロジェクト

◎誰一人取り残すことなく未来を担う人材を育成する環境整備

小池特別支援学校整備事業

小・中学校整備事業

【バリアフリー化（スロープ）等】

新科学館整備事業

【竜巻発生装置】

【プラネタリウム空間】

(4)「機関投資家向け」と併せて「個人投資家向け」の発行を行った経緯について

　ESG投資に関心の高い機関投資家や金融機関等、幅広い投資家層にご購入いただくため、「機関投資家向け」の発行額を100億円とした。

資料5　「個人投資家向け」チラシ

併せて、SDGsに関する本市の先進的な取組への市民等の関心を高め、市政に参画していただく手段の一つとして、今回のサステナビリティボンドを市民・企業・団体等に購入いただくことは、SDGsの「理解・浸透」に大きく繋がるものと考え、「個人投資家向け」として住民参加型市場公募債を発行した。

(5) 販売状況等について

「機関投資家向け」の販売状況については、発行額100億円（主幹事方式）に対して、10倍を超える需要（1,000億円）を創出した。販売先は48件で、投資家層としてはメガバンク、地方銀行、信用金庫、生命保険、公益法人、地元企業等となっている。このうち、新規投資家の件数は35件（7割超）となっており、また、投資表明[1]件数は41件となっている。

「個人投資家向け」については、発行額5億円（シ団方式）を募集開始から4営業日で完売（販売初日で99％を販売）した。販売先は158人・団体となっている。

(6) 多くの需要をいただいた要因について

まず、「SDGs未来都市」としてSDGsのトップランナーを目指す本市が初めて発行するESG債であり、かつ、自治体初となるサステナビリティボンドの発行にチャレンジした点で、投資家を始め、多くの方々にインパクトを与えることができたことが大きな要因の一つと考えている。

また、「風力発電関連産業の総合拠点化」や「全国トップクラスの子育て・教育環境の充実」に向けた本市の先進的な取組について、投資家や市民の皆様にご理解をいただいたことも今回の結果に繋がったものと考えている。

更に、ESGあるいはSDGsの推進への積極的な投資を通じて、「持続可能な社会の実現に向けて社会的責任を果たしていく」との機関投資家の強いニー

---

1) 投資表明とは、投資家がSDGsを推進する取組として、ESG債券の購入を行うことで、持続可能な社会の形成に寄与し、社会的使命・役割を果たしていくことを対外的に公表すること。

ズをしっかり捉えることができたことも要因ではないかと考えている。

　いずれにしても、今回の起債を通じて、ESGあるいはSDGsなど、環境改善や社会課題の解決に関する社会の関心の高まりを強く感じた。

(7) 発行にあたっての準備について

　ESG債を発行する際、国際資本市場協会（ICMA）が公表している各種原則（グリーンボンド原則、ソーシャルボンド原則等）の内容に準拠していることについて、第三者機関から評価を受けることが求められる。

　当該評価を得るために財政課が中心となって、庁内の関係課や庁外の関係者（証券会社（ストラクチャリング・エージェント）等）と協議を進めた。

　主な協議内容としては、サステナビリティボンドとしてふさわしい、環境面・社会面での便益が見込まれる充当事業について抽出、また、これらの充当事業の実施により得られる環境・社会的課題に関する改善効果（KPI）についての指標の設定などが挙げられる。

　改善効果（KPI）の設定は、特に関係課の協力が必要となってくるので、関係課へESG債の意義や効果等について丁寧な説明を行い、ESG債発行に対する共通理解を深めることに努めた。

　また、第三者機関からの評価にかかる手数料について、環境省の補助金を活用し、発行コストの削減にも努めた。

(8) 今後の展望について

　今回債で旺盛なESG投資需要を確認できたことなどを勘案して、2022年度もESG債を継続して発行することで、SDGs戦略達成に向けた取組を資金面で下支えするとともに、SDGsのトップランナーを目指す本市の先進的な取組を内外に積極的に発信していきたいと考えている。

第3章　市民・企業のSDGs達成活動

空き家バンク事業と移住促進、新世代の地域づくり

―下田からの取り組み

NPO法人伊豆in賀茂6　理事長　**岡崎 大五**

1　空き家バンク事業

(1)　空き家バンク事業の下田市との協働（2019年9月～）

　NPO法人伊豆in賀茂6が設立されたのは2019年7月である。本格始動は9月からだったが、この時までに下田市と協働で空き家バンク事業を行うことは決定していた。

　下田市の担当者は数年来、宅建業者と協議を重ねてきたが、「誰が」空き家バンク事業を行うかについて、一本化できなかったために、NPO法人を主体とすることになった。

　この時、参考になったのが隣の河津町の空き家バンク制度で、「NPO法人伊豆の田舎暮らし夢支援センター」で3年ほど行ってきた。理事長だった井田一久が、下田を拠点とする新しい「NPO法人伊豆in賀茂6」を立ち上げることで、3年間のノウハウを持ち込み、下田市と協働することになったのである（これにより、井田はNPO法人伊豆の田舎暮らし夢支援センターの理事長を退任した）。

　下田市空き家バンク事業の特徴は、①インターネット上に空き家情報を公開すること、②売主（貸主）と買主（借主）のマッチングに限定し、③個人間取引で契約（相対契約）を成立させる点にある。

　これによって、宅建業法上の「仲介」には当たらないという法解釈になる。

　下田市が回覧板にチラシを入れ、NPO法人が40ある地区の区長に事情説明に出向き、空き家バンク登録への理解と情報提供をお願いする。下田市で

は、建設課が調査した空き家所有者名簿（500軒超）を使ってDMを送付、空き家バンク制度の活用を促した。

　すると、下田市内に居住していない所有者からの問い合わせが圧倒的に多かった。別荘で利用していたが、継続的に利用する者がいない。すでに在外に家を建てているので、今後下田に帰って暮らす予定はなく、また親類縁者の利用者もいないというケースが大半である。

オープン直後のNPO法人事務所。空き家を改装。ギャラリーを併設する他、商品販売も行い、地域の情報の拠点となることを目指した。

　またNPO法人では、回覧板や「広報しもだ」、地元新聞やケーブルテレビを使って、随時、地元住民へ空き家バンクの周知を行っていった。

(2) 下田市空き家バンクの仕組み

　下田市空き家バンク事業の具体的な仕組は、NPO法人が見つけてきた空き家情報を、下田市ホームページ内の「下田市空き家バンク」で開示することである[1]。

　デジタルで在外の人たちに情報を公開することは、閉鎖的な情報空間（これまで不動産は、別荘地以外、地域内で取引されるケースがほとんどだった）しか持たない地方としては、異例のことで、デジタルを

下田市空き家バンクのホームページ

---

1)　下田市空き家バンク https：//www.city.shimoda.shizuoka.jp/category/081800koryukyoju/146865.html

使って、都市部を中心に、下田の情報が周知されることになる。デジタルで、地方部が都市部と繋がったのである。

　そして、ネット上の空き家バンク情報から問い合わせのあった利用希望者を、NPO法人が現地内覧案内し、物件所有者と双方の希望が整いそうになったらマッチングさせ、契約は司法書士のもとで行うことで、不安定になりがちな相対契約の安定性を担保する手法が確立していく。

（3）下田市空き家バンク事業の特殊性

　日本全国で空き家バンク事業を採用している地方自治体は多いが、成功例は極めて少ない。

　多くの地方自治体では、自治体が単体で空き家バンク事業を行っているため、人員不足、経験不足、情報不足で、空き家物件の掘り出しが容易ではなく、また利用希望者に十分なサービスを提供できない。さらに公務員は約3年で部署を異動するのが慣例となっており、経験値や人間関係が蓄積されず、事業の継続性が弱い。

　また、全国の空き家バンク制度では、宅建業者に拠る事業が大半を占めている。その中で、NPO法人が事業を行うのは当NPO法人と奈良県の「NPO法人空き家コンシェルジュ」[2] くらいで、いずれの空き家バンク事業も成功している。

　日本全国に800万軒以上あると言われる空き家の大半が、要修繕で残置物がある等、宅建業者に託すには、所有者の費用が発生する。これを困難と考える所有者が多く、また瑕疵担保責任等の宅建業法で定められた法的問題をクリアすることができないために、不動産取引まで到達できずに、空き家が増え続けているのが現状である。

　すなわち、宅建業者が扱えないから空き家が増加する中で、宅建業者に空き家バンク事業を業務委託するのは、誤った制度設計と言わざるを得ない。

　だからこそ、宅建業者に拠る空き家バンク事業は成功例が見当たらないの

---

2)　NPO法人空き家コンシェルジュ　https：//akiyaconcierge.com/

だ。既存の宅建業者では、宅建業法の制度上、空き家問題を解決することができないことを、はっきりと認識する事が先決である。

　また、地方の家の多くが不動産物件とは考えられていない。先祖代々守ってきた家は、しかるべき縁者に後継するものである。家父長制の名残で、また家にまつわる親戚筋の縛りも強い。そこで引き継いだ者が管理しているケースが多いが、次の後継者（団塊の世代以降）となると、見通しが立っていないケースがほとんどである。そこで当NPO法人では、血縁のない後継者探しを提唱している。

(4) 協働事業の役割分担

　下田市空き家バンク事業では、下田市とNPO法人が協働で事業を行っている。空き家バンクのホームページ管理は下田市が、物件登録、利用登録、内覧案内、契約までの見守りはNPO法人が行い、各物件、所有者、利用者の情報は、連絡を密に取り、双方で共有することで、安定的な事業運営が行われている。

(5) 空き家バンクと農地の関係

下田市空き家バンクで登録した農地、山林付きの空き家（総面積は約1400ヘクタール）

農地が付随する空き家物件に関しては、2018年に国交省から「農地付き空き家の手引」が示されている。地方公共団体内にある農業委員会の決定があれば、「別段の面積指定」の要件を満たせば、農民にならなくても、農地が取得できる制度だ。しかし下田市農業委員会では、別段の面積指定を定めていないので、この運用は例がない。

それでも、農地付き空き家の登録は行っている。この場合、まずは農業委員会を担当する市職員と情報を共有し、農地法に定められた形での利用者（農業従事希望者）が現れれば、農業委員と面談、農業委員会の裁定を経て、農地付き空き家の取得が可能になる仕組を構築した。これによって、1組ではあるが、農業従事希望者が農地付き空き家を取得している。

(6) 下田市空き家バンクの価格設定と考え方

通常の不動産取引では、所有者が残置物を片付け、修繕してから市場に出される。費用が発生するので、当然その分金額の上乗せがあり、取引額で仲介手数料が定められている宅建業者は、責任を有することから、所有者の意向もあるが、なるべく高値で契約を成立させたい。

ところが下田市空き家バンクでは、所有者の物理的、経済的負担を減らすことで、要修繕、残置物有りの状態でも、物件登録している。その際に、所有者が設定する価格は、修繕費や片付け費用を、利用希望者に負担してもらうといったもので、自ずと、不動産取引の場合とは逆に、安めに価格が設定される傾向にある。

　利用者はこの時、いくら安くても、修繕や片付けにどの程度の費用がかかるのか、自分で行える場合は、業者に依頼した場合はなど、予算のシミュレーションが必要になってくる。このシミュレーションを経て、所有者とマッチング、個別に交渉を行っている。

　仲介の発生しない、個人間取引だからできる取引である。

2　移住促進事業

(1) 下田市・静岡県との協働（2019年10月〜）

　静岡県ではふれあい事業と銘打って、伊豆半島南部の一市五町（下田市、河津町、東伊豆町、南伊豆町、松崎町、西伊豆町）が協同で移住促進事業を行っている。東京有楽町の

ふるさと回帰センターを窓口に、移

NPO法人HPより（オンライン相談体制が整ってから、移住相談が急増している）。https://www.izukamo6.com/

住促進を具体的に進める事業だ。NPO法人でも下田市と一緒に参加することになり、有楽町で行われる移住フェアに同行、コロナ禍以降はオンラインを中心に、移住相談を受けることになる。

　下田市空き家バンクがネットを通じて、在外に情報を公開していることから、具体的な移住相談が加速する傾向にあり、次いで、就職相談や子供の学校、進学相談などへと進み、その間、

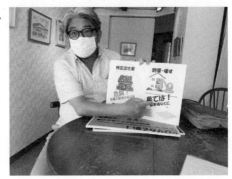

NPOスタッフが伴走する形で、移住後でも随時相談を受け入れる体制となっている。

　この時重要となる相談姿勢が、「あなたは何をしたいのか？」という設問である。地方移住は、人生の一大決心を伴う。しかも都市化の流れと

は逆行する。経済的にも、与えられる社会的立場も大きく変わり、しかも、必ずしもレベルアップするわけではない。それでも下田に移住したい理由は？あなたは人生で何を手に入れたいと思っているのか。その点を移住希望者にはっきりと認識してもらうこと、覚悟を促すことが重要である。人生の大切な何かを手に入れるために、地方移住するのだ。空き家バンクの紹介でも同じことだが、それぞれ個別の人たちと、いかにコミュニケーションを取るのかを大事にしている。これは、ネット記事でも取り上げられた[3]。

（2）空き家バンク事業と移住促進事業

空き家バンクと移住相談は、まさに車の両輪として相互作用している。静岡県内で両事業を併せて取り組んでいるのは下田市だけであり、大きな成果となって現れている。日本全国の空き家バンク事業がうまく行かない原因は、第一に宅建業者に拠っているためで、宅建業者が業法上扱えない物件（要修理、残置物がある等）があまりに多いことも挙げられる。さらに、域内だけで情報を公開していても意味がなく、在外の都市部と結び、移住相談と連携させることで、利用者の掘り起こしに繋がっている。

2019年9月より2022年3月までの空き家バンク事業の成果は表1の通りである。

（3）事業の問題点

空き家バンク事業だけでは、1軒登録するごとに9万円ほどの赤字で、移住相談の業務委託費用を補填しても補いきれず、2年間で1,000万

見晴亭
https：//www.airbnb.jp/rooms/49261915?federated_search_
id=294ac901-3ab0-41b5-a441-b2f3a788c7bb&source_
impression_id=p3_1649743310_nvOl21m7nD4qf%2FOx

3）　https：//www.homes.co.jp/cont/press/buy/buy_01232/?fbclid=IwAR3ZpDiZ_9baJVwo_akSHjLQQ-
ED-bWKIL0IGoZGfWsqmMQ6eYOibtrn4Pw

表1　2019年9月より2022年3月までの空き家バンク成果

空き家バンク登録件数	75件
成約件数	50件
利用者登録件数	259件
経済効果（契約ベース）①	2億5604万円
移住者	110名
移住者による経済効果（下田市の一人当たりの年間所得240蔓延×102名）②	2億5680万円
空き家バンク事業による経済効果①＋②＝	5億1284万円

表2　開催イベント一覧

○「第2回下田インド化計画」（2019年10月）
○「第3回下田インド化計画」（2020年10月）
○「伊豆下田蓮台寺温泉物語」（2020年12月）
○「田舎暮らし交流会inポーレポーレ」（2021年1月）
○「空き家相談会」（毎月第3土曜日）
○「ぬりえ教室」（毎月1回）
○「ぬりえ教室作品展」（年1回）
○「スケッチ教室作品展」（年1回）
○「いけみかなこのやっぱり旅はいいね展」（年1回）
○「忘れない～東日本大震災スケッチ展」（2019年2020年）

円超の赤字になっている。これを解消するために、後継した空き家をリノベーションし、2021年6月に民泊、移住体験施設としてオープンした。

3　NPO法人の各種事業

(1) イベント事業

当NPO法人で重要視しているのは、デジタルを使った在外者との繋がり

だけではない。地域内の信頼を醸成し、空き家を安心して提供してもらう、あるいは移住者の受け入れに理解をいただくために、アナログ的なネットワークづくりが欠かせない。そこで、これまでに表2のようなイベントを、NPOの展示スペースや、市内の施設を利用しながら実施している（2020年度は、財団法人地方活性化センターの助成金に採択された）。

2022年度は、地域の魅力を再発見するべく、7月に開国てづくり市を共催する。

(2) 管理・清掃事業

助成金事業は単年度型がほとんどであり、また人件費を捻出するのが困難なことから、NPO法人の継続的な運営にあまり寄与しない。そこで、自主事業の充実に重点を置くことにした。

幸いにも、民泊事業で、当NPOのスタッフが清掃に長けていることが判明。また空き家バンク事業で清掃の依頼があり、さらに高齢者だけが暮らす家ではちょっとした清掃もままならないとの声が聞こえてきた。民泊業者も、清掃従事者がひどく足りない現状である。こうした社会的ニーズを鑑み、人と人が支えあえる社会づくりの一環として、高齢者を中心に登録スタッフとして雇入れ、小さな仕事でも、短時間で受け入れ、社会のニーズに応えられる仕組を作り、自主財源として、2021年9月から管理・清掃事業が動き始めた。

(3) その他

　理事長の岡崎大五（作家）が、年に数回、講演会活動を行い、NPO法人の社会事業に対する理解を広く訴えている。

　地方公共団体等の視察を受け入れており、神奈川県真鶴町では、下田の空き家バンク制度を導入した。

　こうした一連の活動が認められ、「コミュニティビジネスアワード2020」優秀賞受賞（広域関東圏コミュニティビジネス推進協議会）を受賞している。

4　まとめ

　日本では社会事業に対する理解が乏しく、社会的財源も活用しづらい現状である。しかし、社会事業が、人と人を繋ぐことを主軸にした、当NPO法人のような活動の場合、その隙間に事業を見つけ、自主財源化することができれば、独立性の高い社会事業団体が運営できるのではないか。3年目に入り、ようやく運営に、財務的な光が見えてきたところだ。

　当初3人で始めたNPO法人の運営も、現在は、登録スタッフも併せて13名に増員した。なにより、社会のために働きたいと、薄給、無給で働いてくれているスタッフがあっての事業展開なので、早い時期に、スタッフにしっかりとした給料が払えるNPO法人へと成長したい。

「貧困による子どもの体験格差」の解消へ向けた NPO・自治体・企業の連携事業の取組

特定非営利活動法人チャリティーサンタ　理事　**河津 泉**

1　はじめに

　生活困窮世帯に対して、自治体、企業、NPOがそれぞれの強みを活かし、体験を届ける事業について、私たちチャリティーサンタが活動を実施するまでの背景（団体の気づき）、課題の調査、そして事業実施に至るまでの経緯を紹介する。

2　困窮世帯の体験格差への気づき

(1) クリスマスから見えた格差

　NPO法人チャリティーサンタは「子ども達に愛された記憶を残すこと」をミッションの中心におき、「子どものために大人が手を取り合う社会」の実現を目指して活動している。

　活動の原点はクリスマスにおけるチャリティー活動である。クリスマスの夜にサンタクロースに扮したボランティアスタッフが訪問し、子どもたちのもとにクリスマスの思い出を届け、その際に家庭からチャリティーをいただき、途上国や被災地等の支援を実施してきた。

　クリスマスやサンタクロースの社会的認知度の高さから、関わってくれる寄付者やボランティアも増え、2014年のクリスマスの活動時には、届けた子どもが累計1万人に到達した。その際、自分たちが活動を届けている家庭はどのような家庭なのか、という疑問から、翌2015年に、大規模な受益者

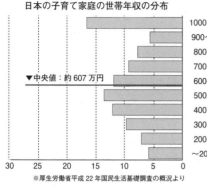

日本の子育て家庭の世帯年収の分布

▼中央値：約607万円

※厚生労働省平成22年国民生活基礎調査の概況より

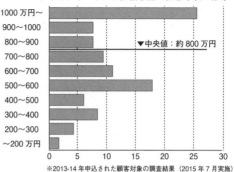

チャリティーサンタ依頼家庭の世帯年収の分布

▼中央値：約800万円

※2013-14年申込された顧客対象の調査結果（2015年7月実施）

の調査を実施した。その結果分かったのは、これまでに私たちが思い出とプレゼントを届けた子とどもたちの家庭は、世帯年収が比較的高い層だということだった。

当時の日本の子育て家庭の世帯年収の中央値は607万円、チャリティーサンタの活動で届けている家庭の中央値は約800万円となっており、経済的な厳しさを抱える家庭の割合が少ないことも分かった。

またシングルマザー100人に対して行った調査では、3人に1人が経済的な理由などから「クリスマスなんて来ないで欲しい」と感じていることが分かった（NPO法人チャリティーサンタ『サンタ白書2017』2017）。

クリスマスなんてなくてもいい、来ないでほしいと思ったことがありますか？　回答数 103

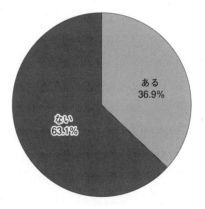

ある
36.9%

ない
63.1%

(2) 困窮世帯に向けた基金を設立

私たちが活動を届けられていない家庭に何ができるかと考えた結果、「厳しい

環境の中にある子どもたち」を対象に「ルドルフ基金」を2015年にスタートした。困窮世帯への支援は基金を用いて、無償でサンタクロースが訪問することや、プレゼントもこちらで用意し届けることから開始した。

　困窮世帯からの希望は多く寄せられた。そして、多くの困窮世帯を訪問する中で、クリスマスにも家庭の経済的困難さが子どもたちに影響を与えていること、毎年積み上げられている子どもの体験の格差となっていくこと、すなわち「体験における子どもの貧困」があることに実感を持って気づくこととなった。

3　自治体連携と困窮世帯のニーズ

(1) 自治体との出会い

　クリスマスの困窮世帯の支援活動において「クリスマスぐらいは何かをしてあげたい」という声が多く寄せられていた。このような声は家庭がクリスマスに限らず、普段から子どもたちに我慢をさせていることが読み取れ、親子の自己肯定感などにも影響していることが考えられた。またクリスマスだけではない体験支援の必要性も伺えた。

　一方、岡山市は2017年に策定した「子どもの貧困対策推進方針」において3つの方針を掲げ、解決を目指していた。その中でも〈方針1「早期に、確実に、支援につなぐ」〉では、SOSを発しやすい環境整備とそれに気づくアンテナを広げ、困窮世帯の孤立を防ぐことを課題とし、〈方針3「困難を連鎖させない」〉については、基礎的な学力や生活力とともに、その基礎となる自己肯定感等を高めることを課題としていた。

　上記の岡山市の課題は当法人が感じている課題と重なることが多かったため、岡山市こども福祉課と協議を行い、困窮世帯の体験支援を行う事業提案を行った。

　提案事業は、岡山市の協働推進事業[1)]のスキームを使い、「ニーズ調査（仮説の検証）」→「モデル事業（事業の実施）」→「一般施策化」という段階を踏みながら事業を実施した。

(2)　ひとり親家庭のニーズ調査からスタート

　2019年度、岡山市こども福祉課との協働により、ひとり親の生活困窮世帯を対象とした「体験」に関するアンケート調査を実施し、アンケート回答者のうち6世帯のヒアリング調査も実施した（アンケート総回答数345世帯）。

　児童扶養手当を受給する3歳～9歳の子どもを持つ世帯に対し、岡山市からアンケートを送付した。回答者のうち希望者には、チャリティーサンタの実施するサンタクロース訪問や、サンタからの手紙、絵本・児童書をプレゼントすることとし、ニーズ調査だけでなく、支援活動に繋げるといった意味も持つ調査活動となった。

(3)　約9割が「体験に対して諦めや不安」を感じている

　ニーズ調査では、「子どものしたい（してほしいだろう）ことができなかった経験がありますか」という問いに対して、「はい」が274件（79.4%）、「今後そのような不安がある」が51件（14.8%）であり、全体の約9割が、子どもの体験活動に対して諦めの経験

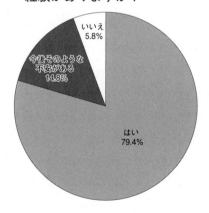

子どものしたい（してほしいだろう）ことができなかった経験がありますか？

いいえ 5.8%
今後そのような不安がある 14.8%
はい 79.4%

---

1)　岡山市にある社会課題の解決を官民協働の手法で進めるため、協働によってより効果的に課題解決が進む事業を公募し、補助金を交付し、岡山市との協働で実施するもの。実施後は市の一般施策となったり、あるいは団体の公益事業として自立していくなど、引き続き課題解決の取組が続くことを目指す事業。

や今後への不安を感じていることが分かった。

(4)「他の家庭はできていること」に関する我慢や不安

　自由記述では、ほとんどの項目の中で、「友達がしているのを子どもは羨ましがっている」「両親そろっている家庭と比較してしまい、申し訳ない気持ちになる」など、他者との比較や、諦めさせているのは「自分のせい」と責任を感じている記載が見受けられた。子どもに対して「してあげたい気持ち」があるにも関わらず、「したいことを諦めさせてしまった」ことや、周りの家庭にとってはささやかな体験であっても、それさえ諦めさせざるを得ないという経験を重ね、子どもの体験の不足だけでなく、親子双方に、自己肯定感が育くまれにくい環境となっている様子が伺えた。

4　地域資源の掘り起こしへ

(1) 企業との連携

　体験の機会を生み出す事業の実施にあたり、地域資源を持つ企業の存在に着目した。

　地元企業への聞き取り調査も行い、困窮世帯への支援に関心を持ちながらも「どうやって家庭に働きかければいいのかが分からない」「家庭のニーズが分からず、支援として何が必要なのかが分からない」「関心はあるものの、通常業務をこなしながら個別の家庭の対応をすることが困難」といった企業が多いことも分かった。

　そこでチャリティーサンタが、企業の相談に乗りながら、事業のコーディネートを行う他、家庭への情報提供や家庭の対応などの運営補助を行うことで、企業の支援活動への参加を生み出してきた。

（連携事例の紹介：https://bit.ly/3RgmprD）

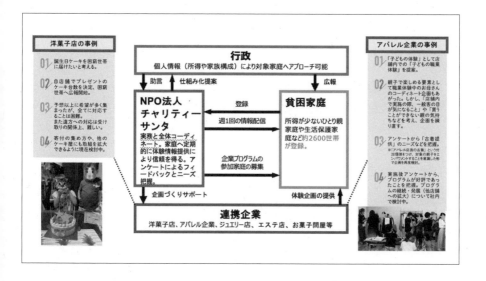

(2) 官民連携で家庭に情報を届ける「おかやま親子応援メール」を創設

　支援活動を生み出すと同時に、いかに情報を届けるかが重要である。

　ニーズ調査（2019年11月）の後、アンケート回答をした345世帯に対し、支援情報の提供を継続し、家庭からも情報が届くことへの感謝の声があがっていた。

　2020年、新型コロナウイルス感染拡大により、さらに生活に困難さを抱える困窮世帯が増えた。当初チャリティーサンタでは345世帯への情報を提供していたが、それ以上に支援の重要性が増し、届ける情報の内容も広げる必要性が強くなった。

　岡山市では、チャリティーサンタで行っていた支援情報の提供例をもとに、家庭のニーズがあることを踏まえ、支援情報配信事業を施策に位置づけ、さらに広く困窮世帯に情報提供を行うことができるよう予算化し、7月に「おかやま親子応援メール」を創設した。岡山市、岡山市社会福祉協議会、岡山のNPO等のネットワークと連携し、官民の支援情報を提供する仕組であり、

チャリティーサンタは支援情報の掘り起こし並びに配信業務を担うこととなった。

2022年3月末現在、約2,800世帯が登録し、100を超える支援団体等からの様々な支援情報の配信を行っている。

配信メールでは体験活動だけではなく、様々な支援情報を流している。登録時にアンケート等を行い、困窮世帯のニーズを確認しながら支援情報を届けることで、家庭理解に繋がり、体験支援においても困窮世帯のニーズを踏まえながらのコーディネートができるようになっている。

家庭との繋がりを面で捉えながら、行政と民間が連携し、支援情報のワンストップ窓口として機能していることで、利用者にも分かりやすく、利用する家庭のニーズも受けとめることができるため、非常に有効に機能している。

2022年度は、困窮世帯に情報を届ける仕組に加え、体験活動等の企画と運営支援機能も施策化され予算化された。

5　信頼できる社会をつくるために〜関わる大人を増やすこと〜

最後に、事業を実施した上で家庭から寄せられた声を紹介する。

「正直、目先の生活（衣食住）をするのにいっぱいいっぱいでプラスアルファを楽しむ余裕がなかった。体験活動に参加できてお友達と、こんな休日だったよ！と話ができたことが良かったみたいです。」

「チャリティーサンタさんの支援活動に救われています。経済的な面だけでなく、支えてくれる誰かがいるという気持ちを持てる事で、離婚した当時抱えていた孤独感と将来への不安感を軽くできています。以前は自分自身のひとり親への偏見から、他人に離婚した事を知られたくないと思い周囲と距離をとったり、お金がない事が恥ずかしかったり、こども達に申し訳ないと自分を責め続けたり。誰かを頼ってもいいんだと割り切って考えられるようになってから、気持ちがとても軽くなりました。支えてもらっているのは子ども達だけでなく、親なんだと痛感しています。」

　これらの声は生活の中での前向きな言動の変化と、気持ちの変化である。

　家庭の中での会話が増え、親子の前向きな気持ちを育てることは、自己肯定感を育み、孤立の解消に繋がる一歩になる。

　孤立を感じている困窮世帯は少なくない。地域の中で応援をしてくれる大人がいて、子どもの成長を願い、時間をともに過ごすことを通じ、子どもや親が周囲に頼ってもいいと思えることが何よりも大切なことだと考える。様々な体験を重ねる子ども時代は大人が考えるよりも短い。全ての子どもたちが取り残されることがないよう体験格差を埋めるためには、子どもにとって信頼できる社会づくり、大人が手を取り合う社会の確立が重要だ。

　今回の事業では行政の家庭への働きかけ、企業の資源、NPOが持つコーディネート力と、それぞれの得意分野を活かすことができた。また、活かすだけではなく、不得意な分野を互いに補うこともでき、結果として、個々が動くよりもより良い形で成果を得ることができた。

　関わる大人を増やすために、関心のある企業や行政からの相談を受けられる体制を作っていくとともに、行政、NPO、企業それぞれが自らの強みや資源を生かしながら、家庭に働きかけ、取り残すことのない社会の実現を目指していく。

HAKUBAVALLEY TOURISM
―自然の豊かさと心の豊かにあふれる持続可能な山岳エコツーリズムの聖地へ

一般社団法人 HAKUBAVALLEY TOURISM

1 はじめに

　北アルプスの麓に位置する長野県大町市、白馬村、小谷村の三市村は、地形的にもひと続きの谷あいにあり、1980年から観光連携を図るため、「北アルプス三市村観光連絡会」を設置、二次交通バスの運行、エリア統一宣伝活動、イベントなど連携した取組を実施してきた。夏期・冬期の輸送の中心となる索道事業者では、Japow（Japan + Powder Snowの造語）を求める訪日外国人旅行者をターゲットに、エリア内10スキー場を「HAKUBAVALLEY」としてブランド統一した販促活動をHAKUBAVALLEY索道事業者プロモーションボードとして実施。索道施設、域内移動手段として統一ICチケットによるスキー場のフリーゲート化、複数スキー場を横断できるシャトルバスの運行等、長期滞在を促進した結果、2012-13冬期シーズン以降、訪日スキー客は年平均プラス22%で成長してきた。

　このような背景を受け、2019年に北アルプスという共通資源を軸として大町市、白馬村、小谷村及び索道事業者14社が中心となり、「世界から選ばれる山岳観光地域の構築」をコンセプトに一般社団法人HAKUBAVALLEY TOURISM（以下、HVT）を設立。地域連携DMOとして通年での観光地域づくりを開始した。

2　ビジョン策定・SDGs宣言に至った経緯

　観光地域づくりを進めるに当たり、HVTでは戦略として「観光資源・設備を整備・開発しながら情報発信して集客を行う」という目標を掲げ、官民共同対応策として以下の3点を定めた。

1. 三市村内組織を官民ハイブリッドで機能面から再編、観光の三市村の統合を目指す。
2. 具体的課題・目標設定、専門小委員会を順次組成、ハード・ソフトの再整備・開発を推進する。
3. 県内唯一の重点支援広域DMO指定を活用、県と密接に連携して業務を推進する。

図1　HAKUBAVALLEY TOURISM 令和元年度アニュアルレポート11頁

HVTでのSDGsに関する取組において、地域事業者、住民による気候変動に対する具体的な取組への啓発、さらには観光資源の優位性のみならず、サスティナブルツーリズム実践地域としてのブランドイメージの発信をテーマにSDGs小委員会を組成した。委員構成については、下記のように様々な団体の活動が基盤としてあることから、委員として招集した。

1. HVTの母体組織でもある索道事業者がウィンタースポーツ復興の観点から、以前よりインバウンド誘致を推進。特に広域連携及びエリアブランディングに注力してきた。
2. アウトドアアクティビティに情熱を注ぐ一般社団法人Protect Our Winters Japan、スノースポーツ愛好者等が、自らのフィールドの保護の観点から、脱炭素社会の実現に向け気候危機問題に取り組んできていた。
3. 将来にわたり白馬村の美しい自然環境やコミュニティを受け継げるよう、持続可能な地域づくりを学び実践することを目的としてHakuba SDGs Labが設立、地域づくりの観点から積極的な環境活動を広げてきた。Hakuba SDGs Labの活動は、地元の高校生など地域、住民を巻き込み、HAKUBAVALLEYにおけるSDGsの取組に貢献してきた。

　さらには、上記以外の宿泊、飲食、アクティビティ事業者等も含め連動することで、多様性のある組織形成を行った。
　なお、SDGs小委員会において最初に手掛けたことは、組織の活動指針となるビジョンづくりであった。ビジョンの検討段階では、各市村の憲章、地域の地理的特徴、子どもにも理解しやすい文書を念頭に検討を実施した。

> ### HAKUBAVALLEY VISION
> #### 自然の豊かさと心の豊かさにあふれる持続可能な山岳エコツーリズムの聖地へ
> ●多様な生き物を育む北アルプスの山、雪、水をまもります
> ●自然の恵みをいかして、食べ物やエネルギーの地産地消をめざします
> ●人にも自然にもやさしく、住む人も訪れる人も誰もが幸せを感じられる豊かなまちをつくります
> ●先人の知恵を大切にしながら、新たな技術で変化を生み出し、より良い社会をつくります
> ●未来の世代に持続可能な地域を受け継ぐため、共に学びあいみんなで行動します

3　目標およびスケジュール

　SDGs小委員会では中期目標と長期目標を設定し、下記のスケジュールで着実に歩みを進めている。

(1) 中期目標＝2025年

　SDGsアクションリストがエリア内全ての事業者に配布されており、全事業者が取組を進めている。また、北アルプスの自然環境にとって最も脅威であり緊急性を要する気候危機に関わる項目が優先的に実施されており、HAKUBAVALLEYが持続可能なリゾートとして日本の先駆者となっている。

　　索道：エリア内全スキー場が電力の再生可能エネルギーへの切り替えを進めている。

　　宿泊・飲食・小売り・体験：アクションリストの気候変動に関する項目のうち15件を達成している。

(2) 長期目標＝国連がSDGs達成を目指す2030年

　HAKUBAVALLEYエリア内全ての事業者がSDGsアクションリストを実施しており、世界を代表する山岳エコツーリズムの聖地となっている。
　2030年までに全17の取組が達成されていることを目指す。

図2　SDGsガイドブック表紙

（3）スケジュール

2020年：ビジョン、中期計画、アクションリストの検討開始

2021年：
・特設Webサイト制作
・動画の制作
・各担当者がガイドラインになるためのガイドブック及びアクションリストの作成

2022年：サスティナブル活動の実施
・エリア内事業者対象にSDGs関連専門家による講習会及び勉強会を開催予定
・様々な地域事業者のエコツーリズムをキーワードにした活動をまとめた動画制作

4　アクションリストについて

　「自然の豊かさと心の豊かさにあふれる持続可能な山岳エコツーリズムの聖地」という掲げたビジョンを目指す上で、観光に関わる各種事業者にとって、その指標とするためのアクションリストを作成している。

　索道・宿泊・飲食・小売・体験の5業種に共通する項目と業種ごとの特有

/////\ HAKUBAVALLEY

HAKUBAVALLEY SDGs　アクションリスト

未来の子供たちへ豊かな HAKUBAVALLEY の自然環境を残すために、今できる取り組みを実践しましょう。

・2025年までに気候変動に関する項目（省エネ・自然エネルギーへの切り替え、CO₂排出量の削減、ゴミの削減）のうち15件を達成している事を目指します
・2030年までに全ての項目が実践されている事を目指します

分類	✓	参考例
省エネ・自然エネルギーへの切り替え		空調の設定温度を適正に管理し、不要時の使用を控える
		LED照明や省エネ電化製品へ切り替える
		無駄な電気は消す。頻繁には使わない場所の照明には、人感センサー式を導入する
		店舗や施設などで使用したり、購入するエネルギーを化石燃料由来から自然エネルギーに切り替える（例：自然エネルギーを中心とする電力小売会社への切り替え）
		太陽光発電や太陽熱温水器の利用などでエネルギーを創る
		断熱強化や内窓（二重窓）などで建物を最新鋭化し冷暖房に使用するエネルギーを削減する
CO₂排出量の削減		自動車のアイドリングストップを啓発する
		お客様や従業員へ、自動車の乗り合い、自転車の利用、その他の低炭素な交通手段を推奨する
		公共交通機関の利用を促進する
		カープール（自動車の乗り合い）優先駐車場を設置する
		自転車での来店を推奨し、北アルプス山麓サイクルステーションに登録する
		地元製品の購入等により、物流活動に伴うCO₂の排出量を最小限に抑える
		素道　圧雪車に走行システムを搭載し効率的な降圧管理を行う
		宿泊・体験　送迎の予約制を導入する
		飲食　地産地消を推進する
		バイオエネルギーやリサイクル製品等、二次利用できる廃棄物を選び、廃油を再利用する
		低燃費車両、EVを導入する
		駐車場にEV充電設備を設置する
		廃棄物を定期的にチェックする
ゴミの削減		ゴミの削減、再利用、再資源化を促進する
		清掃や作業道具には環境負荷の低いものを使用する
		飲食　残さず食う！30・10（さんまるいちまる）運動を促進する
		小売り　リサイクル回収品の持参やマイバッグの利用などを推進する
		なるべく長く使用しても、修理可能な製品を販売する
		環境に配慮された備品や消耗品を選ぶ
		使い古した製品や容器・包装資材などを回収してリサイクルしたり、別目的に流用する

分類	✓	参考例
ゴミの削減		コンポストを導入し生ゴミを堆肥化する
		紙製品の使用量を減らす、またはペーパーレスに取り組む
		宿泊　アメニティの設置場所を集約し、過剰供給を禁止する
		使い捨てアメニティを廃止、或いは有料化する
		飲食　割り箸の廃止、有料化、またはマイ箸を推進する
		小売り　リサイクル素材など環境に配慮され、個包が簡素になるように製造した品を販売する
水質保全		自動水栓や蛇口に節水シャワーヘッドを付けるなど、節水を実施する
		水道配管からの漏水を定期的に点検する
		側溝や水路を定期的に清掃して、ゴミが川や海に流れ出ないようにする
		環境に配慮した洗剤、石鹸を使用する
		地下水、雨水、雪解け水を利用する
		使用中オイルを水に影響しないものへ切り替える
		排水管、雨水管、または天然水源に有害物質を流さない
		素道　雪面硬化剤を控削に使用する
		フッ素系ワックスを禁止しない
		宿泊　シーツ・タオルは交換希望制を導入する
		節水型シャワーヘッドで定量止水を導入して、節水を実施する
		飲食　食器は、事前に食べ残しを拭き取り払い落としてから洗浄する
		キッチン用シャワーヘッドの使用などによって節水を推進する
		サステナブル・シーフード（MSC、ASC認証水産品）を使用する
		グリーストラップを設置し、適切に廃油を処理する
		体験　湖、川、海で食器を洗ったり、油を流さない
		交差汚染を防ぐ為、海や川で使用されるアウトドア用品を湖で使用しない
		屋外用品の洗浄には、非刺激性、弁リン鹸酸、生分解性洗剤を使用する

分類	✓	参考例
土壌・生物多様性の保全		環境中にゴミを投棄しない
		認証を受けたものなど環境に配慮した製品を選ぶ
		森林整備を機器的にお願いになったり、素材や地域の間伐材を有効活用する
		外来動植物の侵入を防止し、固有種を保護する
		野生動物の生息地を壊さない
		寄付により土地と野生生物の保護を支援する
		素道　シーズン終了後に、グレンデクリーンナップを実施する
		放牧を推進する
		体験　雨天などで濡れたトレイルの使用を避け、土壌復良を防止する
平和と公正な社会への貢献		取引先と公平かつ公正な契約を継続する
		社会と環境に関する基準を満たしている企業と積極的に取引する
		フェアトレードなどエシカル商品を積極的に取り扱う
		フェアトレードやブルーサインなど第三者機関の認証された製品を販売・提供する
		最善の取り組みを確立する為に、他事業者と情報を共有する
地域社会への貢献		ゴミ拾いなど近隣の美化や緑化に努める
		地域の行事に参加し、また支援する
		地元の企業や生産者と積極的に取引する
		SDGsに関する従業員向け研修会を実施する
		小中高生を対象とした社会科見学や職業体験の機会を提供する
		お客様と従業員向けの礼儀作法、規則、文化的な慣範を理解するよう努める（白馬村マナー条例の周知など）
		地域生産者を訪れて、商品化を共にできているかのお話し
		災害時に近隣住民へ避難スペースや電力・物資の出来る限りの提供を行う
		様々なイベントを通して、地域の食や持続的なライフスタイルなどの提案を行う
働きがいのある職場づくり		障害者や母子家庭を持つお子、外国人など多様な人材を積極的に雇用し、あらゆる人が働きやすい環境を整える
		性別、性的少数者、人種に関わらず平等な待遇を保持する

分類	✓	参考例
働きがいのある職場づくり		適切な労働時間を守る
		雇用形態に関わらず、公正な待遇を確保する
		地域の実情に合った生活賃金を支払う
		相談体制や休暇取得に相談窓口を設置する
		セクシャルハラスメント、パワーハラスメント、モラルハラスメントに対するマニュアルを作成する
		能力開発、人材育成などの教育制度の機会を提供する
		従業員の交流機会を提供する
		福利厚生制度の充実を図る
		繁忙期でも従業員自らがHAKUBAVALLEYエリアの自然を楽しめるよう休日を与える
		希望者のために、通年雇用を創出する
お客様へ安心・安全を提供		従業員自身が怪我や病気を未然に防ぎ、顧客に安心・安全・健康を提案できる
		顧客が地元食や環境に配慮された商品を選びやすいように、わかりやすく表示されている
		HAKUBAVALLEY クリーン認証を推進する
		多言語対応を推進する
		Wi-Fi環境を整備する
		決済方法を増やす（お客様の利便性向上・業務効率化）
		施設のバリアフリー化
		素道　HAKUBAVALLEY Safety Tips 安全上の注意事項の認知を促進する
		従業員向けに労働安全講習を実施する
		飲食　ビーガンメニュー、ベジタリアンメニューを取り入れる
		HACCPに則った衛生管理を行う
		食品表示に関する知識を習得する
		小売り　食品産地を表示する、もしくはお客様の希望があれば説明できるようにする
		体験　従業員向けに安全対策マニュアルを用意する
		有資格者によるサービスの提供を推進する

図3　SDGsアクションリスト

の項目を記載している。SDGsが目指す2030年までに全ての取組が達成されていることを目指しているが、まずは関心を持ってもらい、より多くの事業者が取り組みやすいようにアクションリストを作成した。今後はこのアクションリストを実際に使用し、多くの事業者がまず一歩を踏み出しやすくするためのワークショップを開催予定である。

5　各事業者の活動と取組の紹介

　エリア内には様々な業種があり、その中でも懸命にSDGsの活動をする事業者の代表的な取組を紹介する。

(1)　八方尾根開発株式会社（スキー場）

　豊かな自然環境に恵まれた白馬村八方尾根は、北アルプス登山の玄関口となっているとともに、北アルプスの山並みを鏡のように映しだす八方池までは「八方尾根自然研究路」として整備され、お子様から高齢者まで幅広いお客様で賑わいを見せている。八方尾根は蛇紋岩地層という特殊な地質の影響を受けた植生などを見ることができる。冬には、四方八方に延びる尾根に八方尾根スキー場があり、冬季オリンピックアルペンスキー会場となり世界に知られる地となった。一方で年間を通じて国内外からの観光客を受け入れるため、環境に大きな負荷をかけている現状があり、私たちはこの地で観光業を営む企業の責任として、豊かな自然環境を未来に受け継ぐための環境整備に取り組んでいる。

　環境保全のための登山道の清掃活動や、植生の踏み荒らしを防ぐパトロール活動は地元の青年団により戦前から始められ現在も続いている。この他、老廃した土地の植生を回復させる植生マット布設作業、外来種の駆除、自然保護意識を共有し高山植物を大切にする目的として高山植物のネイチャーラベル（解説板）設置活動があり、自然保護を目的に発足した「八方尾根自然環境保全協議会」と共同で実施している。また、スキー場においては、自社

が所有する全てのリフトをCO$_2$排出をゼロ％の再生可能エネルギー由来の電力に既に切り換え、リフト以外の電気についても転換を進める他、照明のLED化も進めている。飲食・宿泊事業においては使用する食材を出来る限り地元産にすることで、輸送時のCO$_2$削減や地産地消による地域経済の活性化に繋げている。

　増加している海外からのお客様を迎える環境整備としては、Wi-Fi利用可能施設の増設や看板類の多言語表記、外国人スタッフの配置、日英同時情報配信等を推進している。今後もこのような活動を企業単体ではなく、地域や関連団体と共に連携しながら進めていきたい。

(2) 山麓ファームダイニング健菜樂食Zen（飲食店）

　山麓ファームダイニング健菜樂食Zenは、長野県大町市の閑静な住宅街の中で、完全予約制・健康食材全粒粉を取り入れたダイニングレストランとして2017年に開業。店舗周辺に約1500坪ほど畑を所有し、農家レストランとして、飲食と農業の両面から小規模事業者でも簡単にできるSDGsの取組を積み上げて経営を行っている。以下がその取組である。

・完全予約制のため、予約がある部屋以外は照明及び暖房を使用しない。
・予約時にメニューも決めてもらい、苦手なものを事前に聞いておく、お客様の要望を細かく聞き入れることを徹底しているので、フードロスを最大限抑えている
・食べ残しに関しては、長野県の「残さず食べよう30・10運動」のガイドラインに沿って持ち帰れるものはお客様にお持ち帰りを推奨。
・どうしても残食が出た際と調理の際にでる生ごみはコンポストに投入し堆肥化させている。
・ごみの分別を徹底し、ごみの削減に取り組んでいる。
・店舗外装及び屋根の遮熱塗装加工を施しており、店内は冷房未設置。夏場は窓を開け、扇風機やサーキュレーターを使用し、大町のクリーンで自然な空気を体感してもらう。

- 食器用洗剤は生分解性のエコ洗剤、生分解性の脱プラスチックスポンジを使用。
- 主要な弁当箱の容器は森林伐採に繋がらない、生分解性、竹素材の容器を採用。
- テイクアウトの割り箸、手拭きは必要な方にのみ確認後配布。
- 店内飲食では割り箸、ストローは使用せず、使いまわせる箸、手拭き、手洗い場でも使い捨てではないハンドタオルを使用。
- 生ごみ堆肥、雑草マルチなど使用した循環型農法、不耕起栽培、無農薬栽培、自然栽培をミックスした省資源で行える栽培を敷地内で行っている。
- 自家栽培できないもの、特に畜産品については、フードマイレージの少ない地産地消のもの、作り方にもこだわったもの、有機栽培のものをできるだけ仕入れている。
- オリジナルロゴ入りグッズを作成し、販売利益をWWF Japan（環境保護団体）に毎年募金している。
- ペーパーレスの取組として、多数あったチラシを1枚に集約。その他事務で使う紙もなるべく減らす取組をしている。
- 持続可能なライフスタイルの提案をコンセプトに、地元に密着した市民活動団体を主宰、企画及び運営している。

(3) ボスコ （宿泊施設）

　大好きな自然環境を未来に引き継ぐため、お客様と共に自然を最大限に尊重して大切にし、楽しみ、愛することを目指す。サスティナブルな旅をしていただくため、ハイシーズンを避けて、より長期間滞在して、自分だけの空間、やすらぎを楽しんでいただける旅の提案をしている。

・サステナビリティに配慮したサービスの提供

　周囲は、3,000m級の山岳地域や、何キロにも繋がる森林トレイル、四季を通してハイキング、ランニング、スキー、MTBなど、自然を楽しめる素晴らしい環境である。楽しく滞在していただくための、トレイルの道案内、フリー

レンタルMTB、バックパックの貸し
出し、森の中のハンモックスペース、
リモートで仕事ができる環境づくり、
雨の日の積み木づくり、また地域の
野菜、山菜、きのこなどの旬の美味
しさを楽しんでいただける野菜料理
の提供など、できる限り低炭素で快
適で楽しい滞在を提供している。

**・少ないエネルギー、自然エネルギーで
稼働中**

　断熱された省エネルギーな建物
で、薪ボイラー、屋根ソーラー、沢
水の熱を使った冷房、電力の切り替
えを導入して、ほぼゼロカーボンで
運営している。

（4）Hakuba SDGs Lab

　人々の心を魅了し続ける美しい自
然環境と、多様な住民と来訪者から
成る魅力的なコミュニティを持続可
能な形で次世代に引き継ぎたい。そ
んな想いから、幅広い世代が集い、
繋がり、学び、実践することを目的
として、2019年にHakuba SDGs Lab
を設立した。

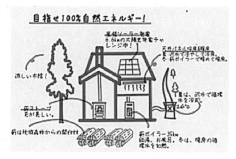

　白馬高校生が中心となり、グローバル気候マーチin白馬や気候難民のため
のチャリティーバザーを企画・運営する中で集めた署名を白馬村長に提出し、

白馬村は全国で3番目の気候非常事態宣言を発令した。その後もSNSによる情報発信や、地域の団体・事業者への講演、SDGsをテーマにした授業の提案など、高校生の主体的な活動は広がりを見せ、専門家や地元企業の協力を得てDIYワークショップ形式により自分たちの教室の断熱改修を実施した。

　生徒たちのみならず、複数の有志団体による「地域と暮らしのゼロカーボン勉強会」やサーキュラーエコノミーをテーマにした白馬村観光局主催の企業参加型リゾートプログラム「GREEN WORK HAKUBA」、白馬中学校のSDGsサークルなど様々な形で地域のSDGsの取組に参画・協力している。

　誰一人取り残さず、みんなが幸せに暮らせる社会を実現するためにも、「一人の百歩より百人の一歩」、「正しさよりも楽しさを」という2つの言葉を大切にしている。自然の恩恵を受けて経済や暮らしが成り立つ白馬村だからこそ、立場や世代を超えて想いを共有して、みんなで取り組み、自然も人も大切にする地域の実現を目指している。

(5) 一般社団法人 Protect Our Winters Japan

　2007年にアメリカで設立されたProtect Our Winters（POW）は、気候変動から自分たちの愛するフィールドやライフスタイルを守るために行動するスキーヤーやスノーボーダーを中心とした団体である。2019年2月、POWの12ヵ国目の組織として、長野県の白馬エリアを拠点とするPOW JAPANの活動はスタートした。スキーヤーやスノーボーダーのみならず、アウトドアブランドやスキー場などの産業界も巻き込み、スノーコミュニティの気候変動の問題に取り組むムーブメントを作っていくことを目的に、SNSでの情報発信、イベント開催やキャンペーンの実施、環境教育などを通した啓蒙活動を行うとともに、スノータウン（スキー場やその周辺自治体）の脱炭素化を目指し、スキー場や行政と協業している。

　"脱炭素社会の先行的なモデルケースを作る"というテーマにおいて、これまでは白馬エリアに焦点を当てた活動を行ってきた。気候変動と地域経済をテーマにしたシンポジウムや再生可能エネルギーに関する勉強会の開催、

スキー場や行政に対する働きかけや署名提出などを通して地域の取組を後押ししている。

　白馬エリア内の3つのスキー場では、再生可能エネルギーの導入など脱炭素に向けた先進的な取組が進み、エリア全体でも「2025年までに9つある全てのスキー場が再生可能エネルギーへの切り替えを進める」という目標を掲げている。

　また、白馬村、小谷村、大町市は気候非常事態宣言を行い、その内容を実行に移していくための協議会のメンバーとして白馬村のゼロカーボンビジョンの策定に携わり、HAKUBAVALLEY TOURISM（白馬エリアのDMO）に設立されたSDGs小委員会では、SDGsビジョンやアクションリストの制作にも関わっている。白馬でのモデルケースづくりと並行して、他の地域（野沢温泉村、片品村、札幌市、ニセコ町など）においても気候変動の講習会やシンポジウムを開催、各地のイベントに出展することなどを通して、持続的なスノータウンを目指す動きを支援している。

　また、"国内における気候変動の市民ムーブメントを高める"ことにも取り組んでおり、2021年には、日本のエネルギー基本計画に対して化石燃料や原発に頼らない再生可能エネルギーを中心とした計画を求めるキャンペーン「あと4年 未来を守れるのは今」を他NPO/NGO団体と共に展開した。約27万筆が集まった署名活動では、コミュニティ規模の大きさを活かし市民の声を大きくすることに貢献し、署名を代表し他団体メンバーと共に国会へ提出した。

6　これからの課題

　HAKUBAVALLEYにおいて、最も深刻で解決に向けて緊急性を要する問題がSDGsの目標の1つにもなっている気候変動である。次頁のグラフで分かるように、年々減り続ける雪、短くなるスノーシーズン、増える豪雨や強さを増す台風など深刻化する自然災害や異常気象。このまま何も対策をしない

直近約40年間の白馬村におけるシーズン降雪量の変化。折れ線グラフは5年移動平均線

図4　白馬村の降雪量（1982 － 2021年）

と、この地域の観光や暮らしに甚大な被害や経済的損失をもたらす確率が高くなっていくと予想される。

温暖化による影響を最低限に抑え、自然豊かな観光地であり続けるためには、今後も地域一丸となって持続可能なまちづくりに取り組んでいきたい。

2020年2月Save Ore Snow気候マーチ in 白馬岩岳スノーフィールド

第4章　活動人口を目標とした持続可能な地域づくり

活動人口を目標とした持続可能な地域づくり

NPO 法人環境自治体会議環境政策研究所　所長　**中口　毅博**

　本章では、活動人口概念の導入が必要な社会的背景について述べた上で、活動人口の算定方法について解説し、活動人口および潜在活動人口の算定結果を紹介し、最後に政策への活用方法についての私見を述べる。

1　活動人口とは

(1)　活動人口概念導入の背景

①住民力・ソーシャルキャピタルと地域の持続可能性

　近年、都市部では中心市街地の空洞化、農村部では限界集落の増加や森林や農地の荒廃が進んでいる。この背景には少子高齢化や人口減少などで地域づくりの担い手が減少していることがある。これに対応するために政府や自治体において様々な施策が実施されているが、にもかかわらず、大多数の自治体ではコミュニティが衰退し、地域の持続可能性は弱まっていると言えよう。

　公共サービスやライフラインを整備・拡充したり、経済活性化や環境保護のために資金を投入するだけでは地域の持続性は高まらず、ソーシャルキャピタル（社会関係資本）の醸成が必要なことが約20年前から言われるようになった。ソーシャルキャピタルとは「ネットワーク（社会的な繋がり）」「規範」「信頼」のことであり（R.パットナム[1]）、集団内部または集団間の協力

---

1)　Robert D. Putnam(1993) *Making Democracy Work: Civic Traditions in Modern Italy* . ISBN-10: 0691037388.

関係の増進に寄与するもの（OECD）である[2]。つまりソーシャルキャピタルが醸成されれば社会を維持・発展させるための協働活動が活発になり、地域づくりの担い手が確保され、地域の持続可能性が維持される。

　また、ソーシャルキャピタルと類似した概念として「住民力」がある。小山はパーソナルネットワーク量（親密なネットワーク、橋渡しネットワーク）、互酬性（支援期待度と地域参加度）、信頼（町内信頼度）に分け、世田谷区の住民力を調査している[3]。筆者はかつて住民力を定性的に分類したことがある。すなわち住民力には「個人の力」と「集団の力」があり、個人の力は、①住民ひとりひとりの生きる力、②地域のすばらしさを認識・発見する力（「あるものさがし」ができる力）、③地域を愛する力（愛着）、④地域の未来を考える力（「こうしたい」と考える力）、⑤主体的に行動する力（やらされているのではなく自分が「こうしたい」と思って行動する力）、⑥新しいことに挑戦する力（開拓者魂）、⑦失敗をしてもあきらめない力（持続力、忍耐力）などを挙げた。集団の力は①主体的に活動する力（他人任せ・行政任せからの脱却）、②他者とつながる力（ネットワーク形成力）、③地域課題の解決力、④外の人（よそ者）を利用する力、⑤活動を振り返り改善する力（PDCAサイクル）、⑥他地域（国や世界）を変える力といったものを挙げた[4]。

　しかし、ソーシャルキャピタルや住民力があるからと言って地域が持続可能とは言い切れない。その内容が問題なのである。近所・友人知人・親類親戚といった身近な人間の結びつきのことを「結束型ソーシャルキャピタル」と呼び、NPOやボランティア、募金といった活動のことを「橋渡し型ソーシャルキャピタル」と言っている。「結束型ソーシャルキャピタル」が強いとそ

2)　日本総合研究所（2008）日本のソーシャル・キャピタルと政策．日本総研 2007年ソーシャルキャピタル全国アンケート調査結果報告書,53pp.

3)　小山弘美（2014）コミュニティのソーシャルキャピタル−世田谷区の「住民力」調査を事例に．社会分析41,p5-26.

4)　中口毅博（2014）住民力・地域力を活かした持続可能な自治体づくり．「環境自治体白書2013-2014年版」,生活社, p8-19.

の地域は保守的・閉鎖的であり経済成長にマイナスの効果をもたらすのに対し、「橋渡し型ソーシャルキャピタル」強い地域は経済成長プラスの効果がもたらすことが明らかになっている[5]。筆者の定性的な分類で言えば、「個人の力」の⑤～⑦と「集団の力」の全てが持続可能性を高めると言えるであろう。

②地域創生の取組の経緯と動向

　一方地方自治体の現状に目を向けると、税収減少や地方交付税削減により政策的予算が減少し、道路や上下水道、公共施設などの社会基盤（インフラストラクチャー）の維持管理が困難になってきている。

　これらにより、中心市街地（商店街）や集落において、お祭りなどの各種行事や清掃活動等の共同体活動の維持が困難になり、空き家の増加やごみの不法投棄により景観や衛生状態が悪化した空間が拡大し、新規居住者や外国人との経済格差や文化の違いによる軋轢や犯罪の増加などの現象が生じ、政策課題が多様化している。

　こういった問題や課題の解決策の1つが「地域再生」や「地方創生」「地域創生」である[6]。「地域再生」は市区町村や地区レベルにおいて発生している社会的・経済的な課題や環境問題を解決するために、地理的空間や人的関係を改善・修復する取組であり、「地方創生」「地域創生」は、将来にわたり予測される社会的・経済的課題や環境問題を解決するために、空間や組織に新たな価値や活動を生み出す取組と言うことができる。

　「地域再生」は、2005年に制定された地域再生法に基づき2007年に閣議決定された「地域再生総合プログラム」が政府の総合的な取組としての出発点である[7]。これは地方自治体が地域再生計画を策定するとともに、政府が地

---

5)　酒井才介（2011）ソーシャルキャピタルと地域経済－アンケート調査による個票データを用いた実証分析－. 財務省財務総合政策研究所「フィナンシャル・レビュー」平成23年第4号（通巻第105号）,p146-167.
　　日本総研（2008）日本のソーシャル・キャピタルと政策－日本総研2007年全国アンケート調査結果報告書. 53pp.
6)　「地方創生」は政府の政策用語であり、意味は「地域創生」と変わらない。
7)　首相官邸地域再生本部（2007）地域再生総合プログラム. 16pp.

域再生総合プログラムを策定し自治体を財政的に支援するというものである。

これを引き継いだものが、安倍政権下のアベノミクスの主要政策の1つとして掲げられた「地方創生」である。政府は2014年、地方創生法を制定し2015年に「まち・ひと・しごと創生長期ビジョン」と「まち・ひと・しごと創生総合戦略」（いわゆる地方創生総合戦略）を策定した。その上で、すべての地方自治体に地域版地方創生総合戦略の策定を促した。この特徴は、人口減少を前提とした人口ビジョンを策定した上で、「安定したしごとの創出」、「地方への人の流れの創出」「結婚・出産・育児の希望の実現」「時代にあった地域づくり・地域連携」の政策を体系的にまとめ、重要業績評価指標（KPI）によって実現可能性を担保しようというものであるが[8]、全国一律の取組はさまざまな矛盾をはらんでいる（中口、2018）[9]。

政府は第2期地方創生総合戦略（「まち・ひと・しごと創生総合戦略」2020改訂版[10]）を策定し、新型コロナ感染拡大による行動変容を踏まえた方針を打ち出しているが、4つの基本目標の2つ目の「地方とのつながりを築き、地方への新しいひとの流れをつくる」では、「地方への移住・定着の推進」とともに「地方とのつながりの構築」を柱に据え、オンライン関係人口など、「新たな関係人口の創出・拡大」を施策の方向性として示した。

③地域創生とSDGsの取組の関係

近年、地方創生の施策は2015年に国連総会で決定されたSDGs（持続可能な発展目標）とリンクする形で整理されるようになってきている。地方創生総合戦略基本方針では「都道府県・市町村のSDGs達成に向けた取組割合」をKPI（成果目標）として設定しているが、第2期まち・ひと・しごと創

8）　内閣官房まち・ひと・しごと創生本部ほか（2018）まち・ひと・しごと創生基本方針2018について．14pp.

9）　中口毅博（2018）群馬県内市町村における持続可能な地域づくりの課題と解決策－奪い合いから分かち合いによる地方創生－．群馬自治357,p3-5.

10）　内閣府（2020）第2期「まち・ひと・しごと創生総合戦略」（2020改訂版）．
https://www.chisou.go.jp/sousei/info/pdf/r02-12-21-senryaku2020.pdf, 2022年9月23日閲覧.

生総合戦略において、その割合を2024年度には60％とすることを掲げている。自治体への調査によると、SDGs達成に向けた取組割合は2021年度実績で52.1％となっている[11)][12)]。これを先導する都市として「SDGs未来都市」が2018年6月15日に行われた政府の第5回SDGs推進本部会合で決定され、29の「SDGs未来都市」と10のモデル事業が選定されたが2022年現在155自治体、50事業となっている[13)]。

(2) 活動人口の概念導入の必要性－定住人口・関係人口からの脱却

　地方創生総合戦略は人口減少や少子高齢化への対応を前提としたものになっているが、それでも全自治体の将来人口を合計すると日本全体の将来人口をはるかに上回ってしまう。移住者の獲得のために、高齢者福祉や子育てサービスなどの拡大合戦、ふるさと納税の返礼品合戦、シティーセールスやプロモーションなどにより、自治体間で限られたパイを奪い合う消耗戦が激化している。子育て環境に魅力を感じた移住者が家庭を築き一時的に人口が増えても、より条件の良いサービスを提供する自治体があればそちらに移ってしまい、さらに移転した先でもその子どもが税金を納める頃には大都市に移り住んでしまい、結局地方の自治体はどこも勝ち組にはなれない。

　このように、持続可能な地域づくりを目指すには、定住人口を増やす、移住者を増やす政策一辺倒では限界がある。そこで前述の第2期地方創生総合戦略において「新たな関係人口の創出・拡大」を謳って関係人口を増やす方向性を示している。

　総務省は「関係人口」を、移住した「定住人口」でもなく、観光に来た「交流人口」でもない、地域や地域の人々と多様に関わる人々のことと定義し、

---

11) 内閣府（2022）SDGs に関する全国アンケート調査の結果. https://www.chisou.go.jp/tiiki/kankyo/kaigi/sdgs_enquete_chousa.html, 2022年9月23日閲覧.

12) 序章で述べたように、真のSDGsの取り組みと言えず、単に既存の施策をSDGsのゴールと紐付けただけの自治体が多いと思われる。

13) 内閣府（2022）SDGs未来都市・自治体SDGsモデル事業・広域連携SDGsモデル事業. https://www.chisou.go.jp/tiiki/kankyo/index.html, 2022年9月23日閲覧.

取組事例や交流イベントなどを紹介している[14]。

　河井は「関係人口」の定義が曖昧すぎる、持続可能な地域づくりには関係の「質」が大事であり、自治体が将来ビジョンに基づいて定義をすべきだと言っている[15]。木津らは、関係人口を「高度関係人口」「普通関係人口」「関係人口予備群」の3つに分類しており、「高度関係人口」はローカルヒーローなどと称される地域に対して高い関与を持ち積極的に地域に高度な貢献をする者、「普通関係人口」はふるさと納税やクラウドファンディングなどで軽度に関わる者、「関係人口予備群」は意欲はあるが実際に行動には移せていない者としている[16]。

　一方、「関係人口」ポータルサイトの内容から、総務省は外から当該地域を応援する人のことを指していることが分かる。しかし前述の通り、外の力も無限にあるわけではなく、限られたパイを奪い合うことになり、それだけに頼るのではいずれ不足してくる。したがって、地域の中で活動していない層の掘り起こしが必要となる。つまり持続可能な地域づくり＝SDGsを地域レベルで達成するためには、地域内外の社会活動を活発化する必要がある。

(3) 活動人口の定義と導入のメリット

　そこで筆者は、地域内で社会活動を実践する人と地域の外から当該地域の持続可能な地域づくりに貢献する人を「活動人口」と定義する。

　図4.1.1に「活動人口」と関係人口・交流人口・定住人口の関係を示した。総務省の言う「関係人口」は外の人に限られているが、「活動人口」は地域内の者もカウントする。また「関係人口」は過去に居住経験やルーツがある者であれば、特段活動をしていない者もカウントされてしまう。

14）総務省（2022）地域への新しい入口『関係人口』ポータルサイト．https://www.soumu.go.jp/kankeijinkou/index.html, 2022年9月23日閲覧．
15）河井孝仁（2021）「関係人口」創出で地域経済をうるおすシティプロモーション2．0―まちづくり参画への「意欲」を高めるためには―．第一法規株式会社．Kindle 版．
16）木津悠穂・髙島由伊・大久保遼一・中尾なつみ・八木結希乃（2020）関係人口獲得における転出者の有用性～段階的関係人口発想と関係人口養成所の提案～．公共コミュニケーション学会第6回事例交流・研究発表大会予稿集,p15-21.

総務省 関係人口ポータルサイトを参考に作成 https://www.soumu.go.jp/kankeijinkou/about/index.html

図4.1.1 「活動人口」と関係人口・交流人口・定住人口の関係

　活動人口で捉えることのメリットは、内と外との相互作用によって生まれるシナジー効果が表現されることである。例えば地域外から大学生30名が入って海岸の清掃活動をしたとする。翌年には地元の小学生30名と一緒にこの活動をすれば、活動人口は60名になるが、関係人口は30名のままである。関係人口の定義では、外からの応援が内に刺激を与えて活性化する効果が反映されないのである。

　また、関係人口が増えたからと言って地域の持続可能性が向上するとは限らない。例えば外から観光客が入ってきて自然を破壊したりごみを捨てていくことでかえって財政負担を大きくすることもある。活動人口の場合は社会貢献を意図した活動のみをカウントするので、稀に逆に自然破壊になることもあるが概ね持続可能性と比例関係にある。

　一方社会活動の増加により、犯罪を減らす、住民の健康状態を改善する、

表4.1.1　本書の社会活動の範囲とソーシャルキャピタル指標の関係

ソーシャルキャピタル指標			分類	本書の社会活動の範囲
構成要素	サブ指標	個別指標		
つきあい・交流	近隣でのつきあい	隣近所とのつきあいの程度	結束型	－
		隣近所とつきあっている人の数		－
	社会的な交流	友人・知人とのつきあいの頻度	橋渡し型	－
		親戚とのつきあいの頻度		－
		スポーツ・趣味・娯楽活動への参加状況		○
信頼	一般的な信頼	一般的な人への信頼度		
	相互信頼・相互扶助	近所の人への信頼度		－
		友人・知人への信頼度		
		親戚への信頼度		
社会参加	社会活動への参加	地縁的な活動への参加状況	結束型	
		ボランティア活動者率	橋渡し型	◎
		人口1人あたり共同募金額		

内閣府(2007)平成19年国民生活白書

※ソーシャルキャピタル指標の部分は、内閣府（2007）平成19年国民生活白書による

学校でのいじめや不登校児を減らす、婚姻や子どもの出生を促す、失業を抑制するなどの効果があることが明らかになっている[17]。「関係人口」が地域経済活性化中心の指標であるのに対し、「活動人口」はコミュニティ維持や環境保全も含めた地域の持続可能性を示す総合的な指標になっている。

　以上のことから、地域の持続可能性を示す指標として関係人口に代わり「活動人口」を設定することを筆者は推奨する。

(4) 社会活動の定義

　表4.1.1に本書で定量化する社会活動の範囲とソーシャルキャピタル指標の関係を示した。ソーシャルキャピタル指標ではつきあい・交流（パットムの言うネットワーク）、信頼、社会参加（パットナムの言う規範）の3つに分類し指標化しているが、この3番目の社会参加と社会的な交流の一部をここで言う社会活動と定義する。異質な人同士や集団間の横断的な結びつき（橋

---

17)　例えば、内閣府（2007）平成19年国民生活白書の第2章第2節「地域のつながりの変化による影響」、金谷信子（2008）ソーシャル・キャピタルの形成と多様な市民社会－地縁型 vs 自律型市民活動の都道府県別パネル分析. The Nonprofit Review,8（1）,p13-31. などがある。

表4.1.2　社会活動項目一覧

NO.	社会活動	NO.	経済活動・環境活動
1	お金に困っている人や国への資金提供や寄付をする	44	農産物の加工や農産加工品の販売を手伝う
2	住居のない人に住まいや一時滞在場所を提供する	45	飲食店や飲食コーナーの運営を手伝う
3	野菜や料理のおすそ分けをする	46	観光客や修学旅行者を家に泊める（民泊）
4	食料・生活用品・医薬品などを寄付する	47	学校や病院、福祉施設などの施設建設や伝統的建築物保存のための資金を寄付する
5	お勧めの病院や福祉・介護施設の情報を教える	48	非常時（停電や災害発生時など）にトイレ、入浴設備の提供や設置を手伝う
6	お勧めの保育所や学校・塾、習い事の情報を教える	49	河川・水路・池・側溝等の清掃・補修作業を行う
7	病人、けが人、体調不良の人の看護・介護をする	50	非常時（停電や災害発生時など）に雨水や処理水などの未利用水を提供する
8	高齢者（親）や体の不自由な人、乳幼児などなどの世話をする	51	途上国の上下水道設備の設置を手伝ったり、資金を寄付する
9	支援が必要な子どもに食事を提供したり話し相手になる（施設訪問を含む）	52	節電や省エネ活動に参加する
10	お年寄りや障がい者の見守りや送迎を行う	53	太陽光発電や風力発電、小水力発電など自然エネルギー設備に出資する
11	ウォーキングや体操などスポーツや健康づくり活動を集団で行う	54	太陽光パネルや風車、水力発電装置など備を作ったり維持管理する
12	お年寄りや障がい者の話し相手になる（施設の訪問含む）	55	お勧めの名産品や販売店の情報を教える
13	料理や工芸品などの作り方を教える、または教えてもらう	56	他人が就職したり、転職したりする際に推薦状を書く
14	外国人や海外に住む人々の医療・健康・福祉を支援する	57	他人に仕事や就職先（パート、アルバイトを含む）を紹介する
15	他人の子どもに勉強を教えたり、遊んだり、見守りをする	58	観光客・訪問者に現地を案内したり説明する（観光ガイド）
16	教養・学習講座・研修などの講師を務める	59	名産品やB級グルメの店を教える
17	支援が必要な子どもへ文房具などを贈る・買うお金を寄付する	60	企業や商店・公共施設での就労体験（インターンシップ）を行う
18	女性の生理用品を提供する	61	地場産品や伝統工芸品などの開発・販売を行う
19	女性の差別解消や働く女性を支援する	62	地域情報をスマホやブログ、放送、新聞等で発信する
20	非常時（停電や災害発生時など）に飲料水や飲み物を提供する	63	名所や特産品、地域特徴的な活動を宣伝するのイベントを企画・運営する
21	非常時（停電や災害発生時など）に充電器や発電機を提供する	64	不当労働行為や過重労働をなくす運動に参加する
22	英語など外国語の通訳や翻訳を行う	65	お金に関するアドバイス（保険や投資、借金など）をする
23	法律や公的な制度についての相談に乗る	66	パソコンやWifiルータ、スマホなどの情報機器を貸す
24	差別やいじめを受けている人を励ましたり相談に乗る	67	新たな仕事（会社）を始める（起業する）
25	いじめや差別、LGBTへの偏見をなくす活動を行う	68	クラウドファンディングなどを通じて、新商品や新技術開発を応援する
26	外国人の生活を支援する（ごみ出しルールや買い物の情報など）	69	他人のパソコンや家電製品のトラブルを解決してあげる
27	外国人と互いの国の文化体験活動などを一緒に行う	70	他人の壊れた家具や自転車を修理してあげる
28	交通手段がない人を自動車で目的地まで乗せていく	71	防災マップ・防犯マップや防災・防犯グッズを製作したり、その活動に寄付する
29	長期間留守にする際や非常時（停電や災害発生時など）にペットの世話をする	72	火事・事故や災害発生時の消火・救護避難・活動を行う
30	非常時（停電や災害発生時など）に囲いや簡易ベッドなどの設置を手伝う	73	災害発生後の復旧活動を手伝う（災害ボランティア活動）
31	空き家や空き地の修復・維持管理を行う	74	自分の家以外の花や木の栽培・植樹や手入れを手伝う
32	道路・公園などの清掃・草刈り・補修・除雪作業を手伝う	75	非常時（停電や災害発生時など）に炊き出しや生活用品の配布を手伝う
33	集会所や公民館の清掃・補修・除雪などの作業を手伝う	76	自分の家以外のごみの分別・運搬・廃棄を手伝う
34	窃盗など犯罪の見張り・見回りを手伝う	77	店や工場で発生する不要品で日曜品や美術品などを作る
35	DV（家庭内暴力）やセクハラの被害に遭っている人を励ましたり相談に乗る	78	余り食材・賞味期限切れ前の食材を寄付する
36	平和維持・反戦活動に参加したり、寄付する	79	廃品回収やリサイクル活動に参加する
37	戦争から逃れてきた人（難民）や紛争地域に住む人の生活支援をする・寄付する	80	動物愛護・保護活動や、野生の動植物の観察に参加したり寄付する
38	最近引っ越してきた人の世話をしたり交流する	81	海辺の清掃・維持管理する活動に参加する
39	墓参りや法事に参加する	82	プラスチックの製品や包装を使わない活動に参加する
40	同窓会に参加したり母校を訪問する	83	まちの理想像や将来計画づくりに参加する
41	献血や髪の毛など、自分の体の一部を提供する（ドナー登録のみは除く）	84	音楽や劇、ダンス・踊り、郷土芸能、その他パフォーマンスを人前で行う
42	鬱などの精神疾患がある人、引きこもりや不登校の人を励ましたり相談に乗る	85	地域の伝統的な祭りや行事へ参加する
		86	歴史的・伝統的な建築物や遺産を修理したり、掃除する活動に参加する
		87	自分が描いた絵、彫刻、アニメなどを人目に触れる場に置く
		88	クラウドファンディングなどを通じて、芸術作品や音楽製作を応援する
		89	自分の土地・建物を、行政やNPO法人に寄付したり、無料で貸す

渡し型ソーシャルキャピタル）だけでなく、同質的な集団内の地縁的な活動（結束型ソーシャルキャピタル）も社会活動に含めるものとする。隣のおばあさんの話し相手になることも、社会活動とみなしている。

　一方社会活動の範囲については、自分の居住地あるいは通勤・通学地域に限らない。日本から遠く離れた途上国の子どもたちの支援のための募金に協力することも社会活動とする。つまり社会活動の範囲を身近なものから国際的なものまで幅広く取ることにする。

　具体的な活動内容について、どのようなものを取り上げるかが問題である。前述のようにソーシャルキャピタルに関する調査は内外で行われており、それら全部を追い切れないので、ここでは筆者が参画した2つの研究プロジェクトにおける項目を編集して採用した。

　まず、社会関係資本測定のためのアンケート調査票[18]において、「リソースジェネレータ」という手法を用いて[19]手助けをしてくれる知り合いがいるかどうかを尋ねた際の30項目を採用した。次にESD地域創生に関する評価指標算定のための調査[20]で用いた、SDGsのターゲットを実現するための学校の社会貢献活動を整理した資料に基づき、89項目の社会活動を抽出した。

　これらを整理した結果を表4.1.2に示す。

2　活動人口の推計方法

　本節では活動人口などの推計方法についてまとめる。

（1）推計の考え方－活動人口・潜在活動人口と修正地域参画総量指標（mGAP）

18）芝浦工業大学・国立環境研究所・千葉大学・名古屋大学・東京大学（2015）地域内外の影響を考慮した環境・経済・社会の評価指標と測定手法の開発最終研究報告書.

19）Van der Gaag, M.P.J. & Webber, M（2008）Measurement of Individual Social Capital. In book: Social Capital and Health, p29-49,DOI:10.1007/978-0-387-71311-3_2.

20）中口毅博（2020）ESD地域創生に関する評価指標. 立教大学「ESDによる地域創生の評価とESD地域創生拠点の形成に関する研究」成27年度～平成31（令和元）年度「私立大学戦略的研究基盤形成支援事業」研究成果報告書所収,120pp.

河井は、関係人口を"行動量"ではなく、"意欲量"として定量化することを提案している。すなわち意欲量に人口を乗じたものを「修正地域参画総量指標（mGAP）」として計算している。意欲には、以下の4つがあるとしている[21]。

1）定住人口による地域の推奨意欲量
2）定住人口による地域への参加意欲量
3）定住人口による地域への感謝意欲量
4）地域外ターゲット人口による地域の推奨意欲量

　政策への活用という点では、現状を把握するよりも関係意欲量に基づくmGAPを求める方が有益、との考えに沿っている。

　地域創生活動に本格的に関わってまだ10年余りである筆者の経験不足は否めないが、素人としては現状の活動量をどうしても推計したくなってしまう。そこで本書では、"活動人口"の現状値を推計した後、意欲量に基づくmGAPを"潜在活動人口"として推計することとしたい。

(2) 調査方法と調査項目

　調査方法はWebアンケート調査とした。実施日は2022年3月14・15日、8月23日で、対象は全国の15歳以上99歳以下の男女とした。

　調査は以下の3つに分けて行った。

▶基本調査（サンプル数：10,000、2022年3月14日実施）
　　▶訪問場所・目的（都道府県別）
　　▶5年間で1回でも実施したことのある社会活動
▶詳細調査（サンプル数：1,000、2022年3月15日実施）
　　▶実施している活動別の実施場所（都道府県別）
　　▶ふるさと納税を行ったかどうか（使途別、都道府県別）
▶追加調査（サンプル数：550、2022年8月23日実施）

21）河井 孝仁.「関係人口」創出で地域経済をうるおすシティプロモーション2．0—まちづくり参画への「意欲」を高めるためには—（p40-44）. 第一法規株式会社. Kindle 版.

　　　▶参加意欲、感謝意思、紹介意欲（10点評点付け）

（3）算定方法

①算定の基本事項

　まず、活動人口は延べとし、1人で複数活動している場合には、全てカウントする。その結果、実践している人はたくさんの活動をしているので、個別活動ごとの活動人口の総和は活動者の絶対数よりはるかに多くなる。

　活動人口の推計年度は過去5年間とする。したがってWEBアンケートでは、過去5年間の経験を聞いた。これを5で割って1年単位とはしない。また、WEBアンケートのサンプルには偏りがあるが、サンプル数が十分多いこともあり、活動人口の補正は今回はしないこととする[22]。

①活動数や活動率の推計

　以下に、主要な指標の活動数や活動率の推計方法を示す。
▶1人あたり活動数＝活動者数÷サンプル数
▶活動人口＝15 〜 74歳人口×当該活動実施率
▶自県活動率＝（自地域活動数＋自地域以外の県内活動数）÷合計活動数
▶県内他地域活動率＝自地域以外の県内活動数÷合計活動数
▶県外活動率＝（合計活動数−自地域活動数−自地域以外の県内活動数）÷合計活動数

②SDGsのゴールとの紐づけ

　活動を最も寄与するSDGsのゴールと紐づけした。ゴールごとの延べ活動

22）　本来、アンケートでは性別、結婚、職業、業種、世帯年収、居住形態、子供有無といった属性情報があるので、属性ごとの活動率を実施し、2020年国勢調査の各自治体の値を乗じて求める方法があるが、予備的な検討の結果、有意な関係性があるとは言い難いので今回はしないかった。ただし、WEBアンケートのモニターは、インターネットが使えるぐらいの時間的・経済的余裕がある人なので、活動が過大推計になっている可能性がある。

数を有効回答数で除して1人あたり延べ活動数を算出した。また自分の居住する都道府県と他地域の活動を分けて集計した。

③活動余地率の推計

89種類の活動のうち、この5年間で実施した種類数が2種類以下の人は、まだ活動余地があるとみなし、回答者数で割ったものを活動余地率とした。

④潜在活動人口の推計

河井の修正地域参画総量指標（mGAP）の算定方法にならい、参加意思、感謝意思、推奨意思に独自に他地域応援意思を加え、この4つに関してWEBアンケート調査で把握したのち、意欲スコアが8〜10の比率に活動余地率を乗じて潜在活動人口を推計した。

潜在活動人口は、WEB調査で参加意欲について8〜10と答えた者の割合に活動余地率を乗じ、さらに、各地域の人口を乗じて求めた。すなわち参加意欲＝潜在活動人口としたが、これ以外にも、感謝意欲＝感謝人口、推奨意欲＝推奨人口、他地域応援意欲＝他地域活動人口として算出した。

（4）回収状況

①全国調査

基本調査においては、活動総数が50より大きいものは不正確な回答として除外した結果、有効回答数は9,988となった。また詳細調査においては、自分の地域で80以上または他県で50以上チェックしているものは不正確な回答として除外した結果、有効回答数は778となった。

表4.2.1 地方ブロック別回収数

コード	地域	回収数
	全国	550
1	北海道	27
2	東北	30
3	北関東	19
4	東京	78
5	南関東	101
6	甲信越	23
7	北陸	15
8	東海	63
9	近畿	122
10	中国	19
11	四国	15
12	九州	38

3　地方ブロック別活動人口推計結果

（1）地方ブロック別1人あたり活動数

①全国平均—1人あたり活動数は2.29—

　社会活動を全て合計すると22,831となり、回答数9,988で割ると1人あたり活動数は2.29となった。回答者はインターネットが使用可能な方々であり、活動的であることを考えると、この数字は実態よりやや高めに出ていると思われるが、「15歳以上は平均して5年間で2つの社会活動に関わっている」と言えよう。

　大都市圏（東京都、埼玉県、千葉県、神奈川県、京都府、大阪府、兵庫県、福岡県）の平均は2.20で、全国平均よりはやや低く、それ以外の道県からなる地方圏が2.41とやや高く、地方ほど地域との関わりが強いことが予想される。しかし、大都市の方が居住者の人数が多いので、活動数の絶対数の割合を見ると大都市圏が57％、地方圏が43％となった。

②地方ブロック別の比較—甲信越・北関東が大きく、北陸・東京が小さい—

　1人あたり活動数が最も大きいのは、甲信越の3.02で、次いで北関東の2.54、

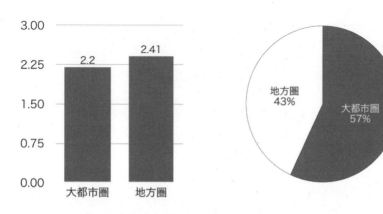

図4.3.1　圏域別1人あたり活動数

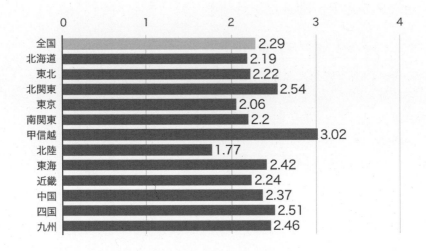

図4.3.2　地方ブロック別1人あたり活動数

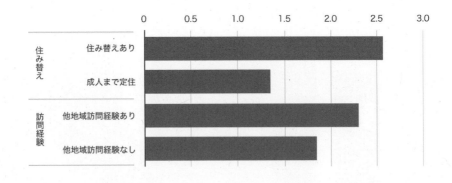

図4.3.3　住み替え・訪問経験別1人あたり活動数

四国2.51、九州2.46、東海2.42となっている。一方最も小さいのは北陸の1.77で、次いで東京の2.06となっている。北海道・東北も全国平均よりは小さいので、冬の気候に多少左右されていそうである。

　大都市圏のみで見ると、東京都2.06、大阪府2.05、神奈川県2.15、埼玉県2.17と全国平均よりは小さくなっている。

③住み替え・訪問経験別の比較（再掲）－他地域居住・訪問経験があるほど活動数が多い

　前に述べたとおり、住み替え・訪問経験別に見ると、1回でも住み替えがある人の平均活動数は2.57であるのに対し、成人まで同じ場所に定住していた人は1.35と大幅に少なくなった。一方この5年間で他地域の訪問経験がある人の平均活動数は2.30であるのに対し、他地域の訪問経験がない人の平均活動数は1.85と少なくなった。このように、他地域での居住や訪問の経験があるほど活動数が多いと言える。

（2）活動人口推計値

　図4.3.4と図4.3.5に個別活動ごとの活動人口の全国合計値を大きい順に示した。

　最も大きいのは「墓参りや法事に参加する」の2093万8千人であり、次いで「お金に困っている人や国への資金提供や寄付をする」1309万5千人、「野菜や料理のおすそ分けをする」1151万人、「他人の子どもに勉強を教えたり、遊んだり、見守りをする」813万7千人、「病人、けが人、体調不良の人の看護・介護をする」722万5千人、「高齢者（親）や体の不自由な人、乳幼児などなどの世話をする」720万7千人の順となっている。

　一方活動人口が少ないのは、「自分の土地・建物を、行政やNPO法人に寄付したり、無料で貸す」が計算上は0、「クラウドファンディングなどを通じて、芸術作品や音楽製作を応援する」11万1千人、「店や工場で発生する不要品で日曜品や美術品などを作る」が19万4千人、「非常時（停電や災害発生時など）に炊き出しや生活用品の配布を手伝う」20万3千人、「クラウドファ

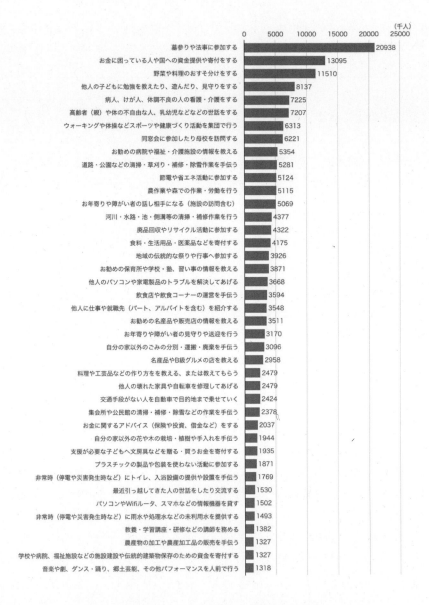

（千人）

活動	人数
墓参りや法事に参加する	20938
お金に困っている人や国への資金提供や寄付をする	13095
野菜や料理のおすそ分けをする	11510
他人の子どもに勉強を教えたり、遊んだり、見守りをする	8137
病人、けが人、体調不良の人の看護・介護をする	7225
高齢者（親）や体の不自由な人、乳幼児などの世話をする	7207
ウォーキングや体操などスポーツや健康づくり活動を集団で行う	6313
同窓会に参加したり母校を訪問する	6221
お勧めの病院や福祉・介護施設の情報を教える	5354
道路・公園などの清掃・草刈り・補修・除雪作業を手伝う	5281
節電や省エネ活動に参加する	5124
農作業や森での作業・労働を行う	5115
お年寄りや障がい者の話し相手になる（施設の訪問含む）	5069
河川・水路・池・側溝等の清掃・補修作業を行う	4377
廃品回収やリサイクル活動に参加する	4322
食料・生活用品・医薬品などを寄付する	4175
地域の伝統的な祭りや行事へ参加する	3926
お勧めの保育所や学校・塾、習い事の情報を教える	3871
他人のパソコンや家電製品のトラブルを解決してあげる	3668
飲食店や飲食コーナーの運営を手伝う	3594
他人に仕事や就職先（パート、アルバイトを含む）を紹介する	3548
お勧めの名産品や販売店の情報を教える	3511
お年寄りや障がい者の見守りや送迎を行う	3170
自分の家以外のごみの分別・運搬・廃棄を手伝う	3096
名産品やB級グルメの店を教える	2958
料理や工芸品などの作り方を教える、または教えてもらう	2479
他人の壊れた家具や自転車を修理してあげる	2479
交通手段がない人を自動車で目的地まで乗せていく	2424
集会所や公民館の清掃・補修・除雪などの作業を手伝う	2378
お金に関するアドバイス（保険や投資、借金など）をする	2037
自分の家以外の花や木の栽培・植樹や手入れを手伝う	1944
支援が必要な子どもへ文房具などを贈る・買うお金を寄付する	1935
プラスチックの製品や包装を使わない活動に参加する	1871
非常時（停電や災害発生時など）にトイレ、入浴設備の提供や設置を手伝う	1769
最近引っ越してきた人の世話をしたり交流する	1530
パソコンやWifiルータ、スマホなどの情報機器を貸す	1502
非常時（停電や災害発生時など）に雨水や処理水などの未利用水を提供する	1493
教養・学習講座・研修などの講師を務める	1382
農産物の加工や農産加工品の販売を手伝う	1327
学校や病院、福祉施設などの施設建設や伝統的建築物保存のための資金を寄付する	1327
音楽や劇、ダンス・踊り、郷土芸能、その他パフォーマンスを人前で行う	1318

図4.3.4 個別活動ごとの活動人口全国合計（その1）

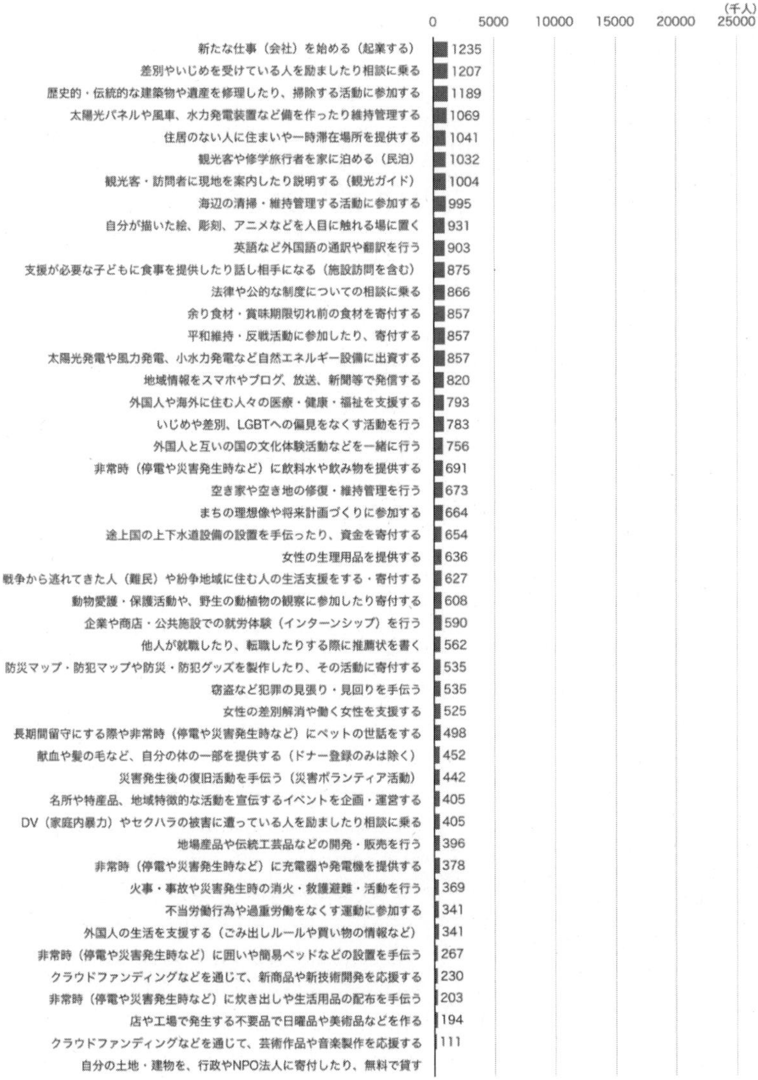

	0	5000	10000	15000	20000	（千人）25000

新たな仕事（会社）を始める（起業する）　1235
差別やいじめを受けている人を励ましたり相談に乗る　1207
歴史的・伝統的な建築物や遺産を修理したり、掃除する活動に参加する　1189
太陽光パネルや風車、水力発電装置など備を作ったり維持管理する　1069
住居のない人に住まいや一時滞在場所を提供する　1041
観光客や修学旅行者を家に泊める（民泊）　1032
観光客・訪問者に現地を案内したり説明する（観光ガイド）　1004
海辺の清掃・維持管理する活動に参加する　995
自分が描いた絵、彫刻、アニメなどを人目に触れる場に置く　931
英語など外国語の通訳や翻訳を行う　903
支援が必要な子どもに食事を提供したり話し相手になる（施設訪問を含む）　875
法律や公的な制度についての相談に乗る　866
余り食材・賞味期限切れ前の食材を寄付する　857
平和維持・反戦活動に参加したり、寄付する　857
太陽光発電や風力発電、小水力発電など自然エネルギー設備に出資する　857
地域情報をスマホやブログ、放送、新聞等で発信する　820
外国人や海外に住む人々の医療・健康・福祉を支援する　793
いじめや差別、LGBTへの偏見をなくす活動を行う　783
外国人と互いの国の文化体験活動などを一緒に行う　756
非常時（停電や災害発生時など）に飲料水や飲み物を提供する　691
空き家や空き地の修復・維持管理を行う　673
まちの理想像や将来計画づくりに参加する　664
途上国の上下水道設備の設置を手伝ったり、資金を寄付する　654
女性の生理用品を提供する　636
戦争から逃れてきた人（難民）や紛争地域に住む人の生活支援をする・寄付する　627
動物愛護・保護活動や、野生の動植物の観察に参加したり寄付する　608
企業や商店・公共施設での就労体験（インターンシップ）を行う　590
他人が就職したり、転職したりする際に推薦状を書く　562
防災マップ・防犯マップや防災・防犯グッズを製作したり、その活動に寄付する　535
窃盗など犯罪の見張り・見回りを手伝う　535
女性の差別解消や働く女性を支援する　525
長期間留守にする際や非常時（停電や災害発生時など）にペットの世話をする　498
献血や髪の毛など、自分の体の一部を提供する（ドナー登録のみは除く）　452
災害発生後の復旧活動を手伝う（災害ボランティア活動）　442
名所や特産品、地域特徴的な活動を宣伝するイベントを企画・運営する　405
DV（家庭内暴力）やセクハラの被害に遭っている人を励ましたり相談に乗る　405
地場産品や伝統工芸品などの開発・販売を行う　396
非常時（停電や災害発生時など）に充電器や発電機を提供する　378
火事・事故や災害発生時の消火・救護避難・活動を行う　369
不当労働行為や過重労働をなくす運動に参加する　341
外国人の生活を支援する（ごみ出しルールや買い物の情報など）　341
非常時（停電や災害発生時など）に囲いや簡易ベッドなどの設置を手伝う　267
クラウドファンディングなどを通じて、新商品や新技術開発を応援する　230
非常時（停電や災害発生時など）に炊き出しや生活用品の配布を手伝う　203
店や工場で発生する不要品で日曜品や美術品などを作る　194
クラウドファンディングなどを通じて、芸術作品や音楽製作を応援する　111
自分の土地・建物を、行政やNPO法人に寄付したり、無料で貸す

図4.3.5 個別活動ごとの活動人口全国合計（その2）

表4.3.1 個別活動ごとの地方ブロック別活動人口

NO.	活動内容	SDGs1	SDGs2	全国	北海道	東北	北関東	東京	南関東	甲信越	北陸	東海	近畿	中国	四国	九州
1	お金に困っている人や国への資金提供や寄付をする	1	10	13,095	662	914	751	1,657	2,401	649	218	1,646	1,713	690	274	1,576
2	住居のない人に住まいや一時滞在場所を提供する	1	11	1,041	30	137	26	108	194	12	0	155	198	37	41	97
3	野菜や料理のおすそ分けをする	2	12	11,510	529	720	699	994	1,773	638	253	1,609	1,761	802	507	1,383
4	食料・生活用品・医薬品などを寄付する	2	3	4,175	156	320	246	455	656	331	57	509	674	224	111	493
5	お勧めの病院や福祉・介護施設の情報を教える	3		5,354	141	331	401	485	988	236	115	673	864	298	152	772
6	お勧めの保育所や学校・塾、習い事の情報を教える	4	11	3,871	104	263	207	354	665	260	34	564	761	177	81	418
7	病人、けが人、体調不良の人の看護・介護をする	3		7,225	283	365	440	747	1,247	331	184	855	1,198	391	253	987
8	高齢者（親）や体の不自由な人、乳幼児などなどの世話をする	3		7,207	275	480	388	655	1,395	283	149	773	1,269	419	233	933
9	支援が必要な子どもに食事を提供したり話し相手になる（施設訪問を含む）	1	2	875	22	57	0	146	185	24	0	127	119	37	41	97
10	お年寄りや障がい者の見守りや送迎を行う	3	10	3,170	141	228	181	208	582	224	57	336	508	214	122	440
11	ウォーキングや体操などスポーツや健康づくり活動を集団で行う			6,313	179	411	324	663	1,210	272	80	918	1,047	317	233	676
12	お年寄りや障がい者の話し相手になる（施設の訪問含む）	3	10	5,069	186	286	311	539	850	319	92	564	761	336	233	665
13	料理や工芸品などの作り方を教える、または教えてもらう	2	8	2,479	119	114	65	254	536	189	23	336	357	140	101	236
14	外国人や海外に住む人々の医療・健康・福祉を支援する	3		793	30	23	52	170	166	35	0	55	151	37	10	32
15	他人の子どもに勉強を教えたり、遊んだり、見守りをする	4		8,137	305	457	362	848	1,404	413	115	1,146	1,277	475	274	1,094
16	教養・学習講座・研修などの講師を務める	4		1,382	60	91	65	162	268	118	23	164	270	19	10	129
17	支援が必要な子どもへ文房具などを贈る・買うお金を寄付する	1	4	1,935	89	80	181	339	268	94	46	264	309	65	30	150
18	女性の生理用品を提供する	5		636	7	103	13	100	92	47	23	55	87	28	20	75
19	女性の差別解消や働く女性を支援する	5		525	22	11	0	85	120	12	0	73	95	9	10	64
20	非常時（停電や災害発生時など）に飲料水や飲み物を提供する	11	6	691	22	69	13	77	111	35	0	100	103	47	20	97
21	非常時（停電や災害発生時など）に充電器や発電機を提供する	11		378	15	23	26	23	102	0	0	100	24	28	10	32
22	英語など外国語の通訳や翻訳を行う	17	10	903	37	34	26	193	212	71	0	91	119	19	10	54
23	法律や公的な制度についての相談に乗る	16		866	30	34	26	116	212	59	11	100	111	47	61	54
24	差別やいじめを受けている人を励ましたり相談に乗る	10		1,207	89	23	78	216	296	47	0	109	135	37	30	118
25	いじめや差別、LGBTへの偏見をなくす活動を行う	10	5	783	60	69	52	92	157	47	0	73	95	19	30	97
26	外国人の生活を支援する（ごみ出しルールや買い物の情報など）	10	17	341	7	0	0	69	111	24	0	45	32	19	10	11
27	外国人と互いの国の文化体験活動などを一緒に行う	17		756	37	23	26	162	139	47	11	45	127	19	0	97
28	交通手段がない人を自動車で目的地まで乗せていく	11	13	2,424	112	171	220	162	388	153	46	345	325	121	91	375
29	長期間留守にする際や非常時（停電や災害発生時など）にペットの世話をする	11	15	498	30	11	13	39	92	35	0	45	79	28	30	97
30	非常時（停電や災害発生時など）に囲いや簡易ベッドなどの設置を手伝う	11		267	15	0	0	62	46	0	0	27	48	9	10	32
31	空き家や空き地の修復・維持管理を行う	11		673	30	34	13	31	139	24	11	100	103	47	30	118
32	道路・公園などの清掃・草刈り・補修・除雪作業を手伝う	11	15	5,281	164	411	492	216	850	331	80	864	849	391	152	676
33	集会所や公民館の清掃・補修・除雪などの作業を手伝う	11		2,378	52	251	246	77	268	142	34	327	365	261	61	429
34	窃盗など犯罪の見張り・見回りを手伝う	16		535	0	11	13	62	139	24	0	73	111	28	0	54
35	DV（家庭内暴力）やセクハラの被害に遭っている人を励ましたり相談に乗る	16	5	405	15	69	39	54	83	12	0	45	56	0	30	11

NO.	活動内容 / 活動人口（千人）	SDGs1	SDGs2	全国	北海道	東北	北関東	東京	南関東	甲信越	北陸	東海	近畿	中国	四国	九州
36	平和維持・反戦活動に参加したり、寄付する	16		857	52	69	65	146	148	35	23	100	95	47	20	54
37	戦争から逃れてきた人（難民）や紛争地域に住む人の生活支援をする・寄付する	16	10	627	30	34	0	62	129	35	23	73	127	56	10	32
38	最近引っ越してきた人の世話をしたり交流する	11		1,530	74	91	52	170	194	83	23	200	286	75	81	193
39	墓参りや法事に参加する	11		20,938	782	1,405	1,217	2,227	4,009	909	413	2,364	3,505	1,351	588	2,241
40	同窓会に参加したり母校を訪問する	11		6,221	231	468	440	663	1,210	283	80	664	1,007	336	223	676
41	献血や髪の毛など、自分の体の一部を提供する（ドナー登録のみは除く）	10	3	452	22	23	39	31	111	35	23	36	63	28	10	43
42	農作業や森での作業・労働を行う	10	3	5,115	320	720	324	316	711	378	149	582	603	336	203	697
43	農産物の加工や農産加工品の販売を手伝う	10	3	1,327	52	137	78	123	139	59	23	173	230	103	101	129
44	飲食店や飲食コーナーの運営を手伝う	2	8	3,594	164	228	233	447	665	189	57	382	571	177	101	386
45	観光客や修学旅行者を家に泊める（民泊）	2	8	1,032	37	80	78	170	139	12	23	91	230	37	10	107
46	学校や病院、福祉施設などの施設建設や伝統的建築物保存のための資金を寄付する	2	8	1,327	30	80	78	208	222	24	11	209	246	37	20	139
47	非常時（停電や災害発生時など）にトイレ、入浴設備の提供や設置を手伝う	8	4	1,769	82	126	117	177	286	94	34	200	309	140	30	182
48	河川・水路・池・側溝等の清掃・補修作業を行う	11	4	4,377	164	320	285	231	563	425	149	618	674	419	243	440
49	非常時（停電や災害発生時など）に雨水や処理水などの未利用水を提供する	6	11	1,493	15	91	155	146	268	47	23	236	270	84	61	118
50	途上国の上下水道設備の設置を手伝ったり、資金を寄付する	6	11	654	52	46	39	54	120	35	11	127	71	9	30	64
51	節電や省エネ活動に参加する	6	11	5,124	275	263	324	485	951	224	92	618	841	345	152	558
52	太陽光発電や風力発電、小水力発電など自然エネルギー設備に出資する	6	11	857	15	69	19	69	203	47	23	136	151	28	10	97
53	太陽光パネルや風車、水力発電装置など備を作ったり維持管理する	7	13	1,069	45	57	39	54	240	71	23	118	159	103	30	150
54	お勧めの名産品や販売店の情報を教える	7	13	3,511	141	240	129	485	656	142	57	364	508	205	91	483
55	他人が就職したり、転職したりする際に推薦状を書く	7	13	562	32	23	13	85	65	0	11	73	87	37	10	107
56	他人に仕事や就職先（パート、アルバイトを含む）を紹介する	8		3,548	156	228	194	401	674	130	69	455	531	149	71	504
57	観光客・訪問者に現地を案内したり説明する（観光ガイド）	8		1,004	30	69	78	170	139	47	23	109	159	37	41	107
58	名産品やB級グルメの店を教える	8		2,958	119	160	155	439	490	153	57	418	428	140	81	300
59	企業や商店・公共施設での就労体験（インターンシップ）を行う	8		590	7	0	26	39	222	12	0	64	95	19	20	86
60	地場産品や伝統工芸品などの開発・販売を行う	8	2	396	0	11	0	77	102	24	0	45	79	9	10	21
61	地域情報をスマホやブログ、放送、新聞等で発信する	8		820	37	69	39	77	185	12	11	64	143	56	41	86
62	名所や特産品、地域特徴的な活動を宣伝するイベントを企画・運営する	8	18	405	0	11	0	77	102	12	0	18	95	19	0	54
63	不当労働行為や過重労働をなくす運動に参加する	8	9	341	15	23	0	39	74	0	0	55	56	19	0	43
64	お金に関するアドバイス（保険や投資、借金など）をする	8		2,037	52	126	91	308	416	59	57	255	286	56	30	300
65	パソコンやWifiルータ、スマホなどの情報機器を貸す	8		1,502	60	91	52	162	305	71	23	182	254	75	41	182
66	新たな仕事（会社）を始める（起業する）	8		1,235	37	91	52	208	222	35	34	182	159	28	10	172
67	クラウドファンディングなどを通じて、新商品や新技術開発を応援する	9		230	0	0	0	46	46	12	0	36	63	9	0	0
68	他人のパソコンや家電製品のトラブルを解決してあげる	9		3,668	127	251	194	462	739	189	57	327	619	168	81	461
69	他人の壊れた家具や自転車を修理してあげる	9		2,479	82	148	207	270	397	83	57	300	500	84	41	322
70	防災マップ・防犯マップや防災・防犯グッズを製作したり、その活動に寄付する	11		535	22	57	39	92	102	0	0	73	63	37	10	32
71	火事・事故や災害発生時の消火・救護避難・活動を行う	11		369	7	57	39	39	83	12	0	18	56	9	20	43
72	災害発生後の復旧活動を手伝う（災害ボランティア活動）	11		442	22	0	13	31	102	24	0	27	79	93	0	43
73	自分の家以外の花や木の栽培・植樹や手入れを手伝う	11		1,944	89	69	117	154	240	130	23	236	357	168	71	311

No.	活動内容 活動人口（千人）	SDGs1	SDGs2	全国	北海道	東北	北関東	東京	南関東	甲信越	北陸	東海	近畿	中国	四国	九州
74	非常時（停電や災害発生時など）に炊き出しや生活用品の配布を手伝う	11		203	7	11	0	23	55	0	0	36	16	19	0	32
75	自分の家以外のごみの分別・運搬・廃棄を手伝う	11	15	3,096	112	160	272	216	563	118	92	364	547	168	111	440
76	店や工場で発生する不要品で日曜品や美術品などを作る	11		194	7	11	13	39	18	12	0	36	40	0	0	11
77	余り食材・賞味期限切れ前の食材を寄付する	12		857	22	34	65	131	175	35	23	91	159	47	10	54
78	廃品回収やリサイクル活動に参加する	12		4,322	186	217	466	354	665	283	57	645	714	252	101	472
79	動物愛護・保護活動や、野生の動植物の観察に参加したり寄付する	12	2	608	30	23	52	54	148	47	11	73	87	47	10	32
80	海辺の清掃・維持管理する活動に参加する	12		995	52	46	39	54	203	47	46	155	103	75	30	172
81	プラスチックの製品や包装を使わない活動に参加する	15	14	1,871	67	103	129	223	351	47	11	209	317	84	71	257
82	まちの理想像や将来計画づくりに参加する	14	12	664	7	11	65	85	92	47	23	100	127	9	51	54
83	音楽や劇、ダンス・踊り、郷土芸能、その他パフォーマンスを人前で行う	14	12	1,318	22	57	65	200	222	71	11	164	222	84	41	150
84	地域の伝統的な祭りや行事に参加する	11		3,926	141	286	272	378	573	342	34	582	603	280	132	375
85	歴史的・伝統的な建築物や遺産を修理したり、掃除する活動に参加する	18		1,189	60	69	39	208	185	59	34	136	151	75	20	139
86	自分が描いた絵、彫刻、アニメなどを人目に触れる場に置く	18		931	22	23	39	123	212	47	11	100	159	75	30	75
87	クラウドファンディングなどを通じて、芸術作品や音楽製作を応援する	11	18	111	0	0	13	8	18	0	0	9	16	0	10	43
88	自分の土地・建物を、行政やNPO法人に寄付したり、無料で貸す	18		0	0	0	0	0	0	0	0	0	0	0	0	0

ンディングなどを通じて、新商品や新技術開発を応援する」が23万人、「非常時（停電や災害発生時など）に囲いや簡易ベッドなどの設置を手伝う」が26万7千人、「外国人の生活を支援する（ごみ出しルールや買い物の情報など）」と「不当労働行為や過重労働をなくす運動に参加する」が34万1千人となっている。

表4.3.1に個別活動ごとの地方ブロック別活動人口を示した。また、各活動とSDGsの17のゴールとの対応も示した。

（3）SDGs別活動人口
－「住み続けられるまちづくりを」「すべての人に健康と福祉を」が多い－

図4.3.6にSDGsゴール別の活動人口の全国合計値を示した。すべてのゴールを合計した延べ活動人口は2億1040万人となった。

最も多いのは、「住み続けられるまちづくりを」の6329万2千人であり、次いで「すべての人に健康と福祉を」の4619万8千人と、この2つで全体の

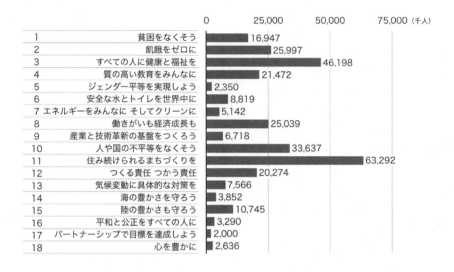

図4.3.6 SDGsゴール別活動人口全国合計

約半分を占めている。さらに「人や国の不平等をなくそう」3363万7千人、「飢餓をゼロに」2599万7千人、「働きがいも経済成長も」2503万9千人、「つくる責任 つかう責任」2027万4千人と続いており、地域レベルの課題解決に貢献する活動が多い。

　一方最も少ないのは「パートナーシップで目標を達成しよう」の200万人となっている。これは地域でのパートナーシップ活動はこの分類に含まれておらず、グローバル・パートナーシップ（国際的な取組）をこの分類に入れているからである。地域レベルの活動はほとんどパートナーシップで行われているものが多いので、それらを加えると「住み続けられるまちづくりを」を凌ぐものと予想される。さらに「ジェンダー平等を実現しよう」235万人、「平和と公正をすべての人に」329万人、「海の豊かさを守ろう」385万2千人と続いている。このように国際的な課題解決に貢献する活動数が少ないと言える。

(4) 他地域での活動割合
　―県内外の活動割合がほぼ半々、大都市を要するブロックは他県の応援が多い―

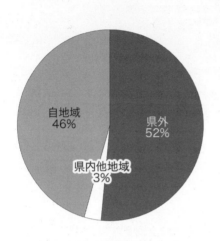

図4.3.7 活動場所の内訳（全国）

①地方ブロック別

　次に、1000サンプルの詳細調査によって、自分の住んでいる市町村以外での活動割合を集計した。外国や不定・不明の活動を除外したすべての活動を合計し集計した結果を図4.3.7に示した。これによると、県外での活動52%、県内他地域での活動3%、自地域での活動46%となっており、県内外の活動割合がほぼ半々になっていることが分かる。

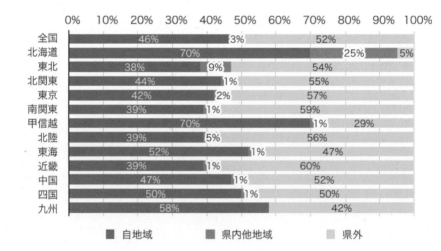

図4.3.8 活動場所の内訳（地方ブロック別）

　しかし地方ブロック別に見ると、大きな差があることが分かる。甲信越と北海道は自地域での活動がともに70%であり、九州が58%、東海が52%といずれも他地域での活動よりも多くなっている。一方近畿、南関東、東京、北陸、北関東、東北、中国、四国は他県での活動が自地域の活動を上回っており、特に大都市を擁するブロックは他県の応援が多いのが特徴である。

　さらに同一都道府県内の他地域で活動している割合を見ると北海道が25%と飛び抜けて大きく、東北や北陸もやや大きくなっている。

②個別の活動別
　ー経済活性化活動は他地域で、近所づきあいや身近な活動は自地域で実施ー

　個別の活動別に他地域での活動を見たものが図4.3.9、図4.3.10である。他地域活動率が大きいものは、「自分の土地・建物を、行政やNPO法人に寄付したり、無料で貸す」「不当労働行為や過重労働をなくす運動に参加する」「クラウドファンディングなどを通じて、新商品や新技術開発を応援する」「地場産品や伝統工芸品などの開発・販売を行う」「他人が就職したり、転職し

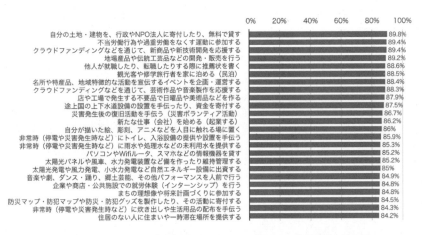

図4.3.9個別の活動別の他地域活動率（大きい順）

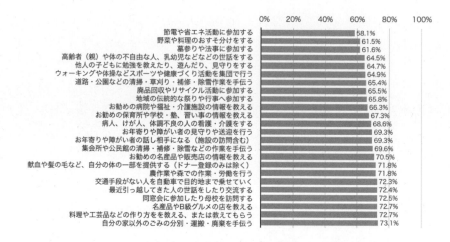

	0%	20%	40%	60%	80%	100%	
節電や省エネ活動に参加する							58.1%
野菜や料理のおすそ分けをする							61.5%
墓参りや法事に参加する							61.6%
高齢者（親）や体の不自由な人、乳幼児などなどの世話をする							64.5%
他人の子どもに勉強を教えたり、遊んだり、見守りをする							64.7%
ウォーキングや体操などスポーツや健康づくり活動を集団で行う							64.9%
道路・公園などの清掃・草刈り・補修・除雪作業を手伝う							65.4%
廃品回収やリサイクル活動に参加する							65.5%
地域の伝統的な祭りや行事へ参加する							65.8%
お勧めの病院や福祉・介護施設の情報を教える							66.3%
お勧めの保育所や学校・塾、習い事の情報を教える							67.3%
病人、けが人、体調不良の人の看護・介護をする							68.6%
お年寄りや障がい者の見守りや送迎を行う							69.3%
お年寄りや障がい者の話し相手になる（施設の訪問含む）							69.3%
集会所や公民館の清掃・補修・除雪などの作業を手伝う							69.6%
お勧めの名産品や販売店の情報を教える							70.5%
献血や髪の毛など、自分の体の一部を提供する（ドナー登録のみは除く）							71.8%
農作業や森での作業・労働を行う							71.8%
交通手段がない人を自動車で目的地まで乗せていく							72.3%
最近引っ越してきた人の世話をしたり交流する							72.4%
同窓会に参加したり母校を訪問する							72.5%
名産品やB級グルメの店を教える							72.7%
料理や工芸品などの作り方を教える、または教えてもらう							72.7%
自分の家以外のごみの分別・運搬・廃棄を手伝う							73.1%

図4.3.10 個別の活動別の他地域活動率（小さい順）

たりする際に推薦状を書く」「観光客や修学旅行者を家に泊める（民泊）」「名所や特産品、地域特徴的な活動を宣伝するイベントを企画・運営する」「クラウドファンディングなどを通じて、芸術作品や音楽製作を応援する」などとなっている。これらは経済活動に分類されるものであり、経済活性化に関する活動について他地域で行っている実態が分かる。

　一方他地域活動率が小さいものは、「節電や省エネ活動に参加する」「野菜や料理のおすそ分けをする」「墓参りや法事に参加する」「高齢者（親）や体の不自由な人、乳幼児などなどの世話をする」「他人の子どもに勉強を教えたり、遊んだり、見守りをする」などであり、近所づきあいや身近な活動が多くなっている。

(5) 個人属性と活動数の関係
―人・社会との接点が多い層、時間的・金銭的余裕がある層の活動数が多い―

　ここでは個人属性、すなわち年代、性別、結婚有無、子ども有無、職業、業種、世帯年収、居住形態、他県住み替え経験、他県訪問経験などと1人あたり活

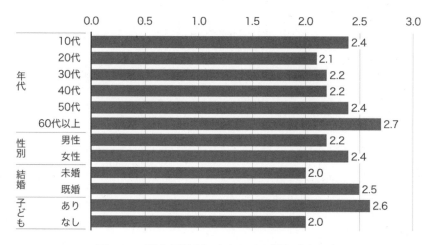

図4.3.11 個人属性別1人あたり活動数（その1）

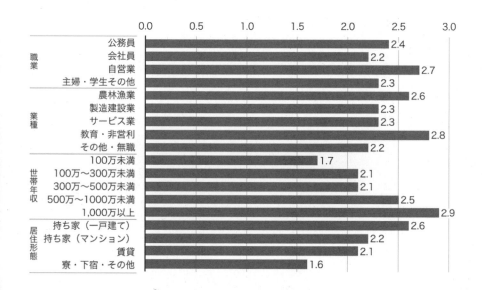

図4.3.12 個人属性別1人あたり活動数（その2）

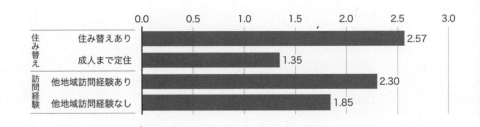

図4.3.13個人属性別1人あたり活動数（その3、再掲）

動数の関係について把握した。

　まず年代で見ると、60代以上が2.68で最も多く、次いで10代と50代の2.36であり、以下40代、30代と続き、20代が2.11で最も少なくなっている。性別では女性が2.41であるのに対し、男性は2.16と少なくなっている。結婚の有無でみると、未婚者が2.04であるのに対し、既婚者は2.48と多くなっている。また、子どもがいると2.60であるが、いないと2.00と少ない。10代は授業で社会活動を実施していることがあるので多くなっているが、それ以外は人との接点が多い層ほど、活動数も多くなっていることが分かる。

　職業は元の分類から4分類にまとめて集計すると、自営業が2.72で最も多く、次いで公務員の2.36、主婦・学生・その他2.31と続き、会社員が2.18で最も少なくなっている。業種も元の分類から5分類にまとめて集計すると、教育・非営利が2.81で最も多く、次いで農林漁業の2.65、製造建設業2.31、サービス業2.28と続き、その他・無職が2.22で最も少なくなっている。このように時間的に余裕のある層の活動数が多くなっているのが分かる。

　世帯年収を5分類で見ると、1,000万以上が2.86で最も多く、次いで500万〜1000万未満の2.49、300万〜500万未満2.13、100万〜300万未満2.09と続き、100万未満が1.67で最も少なくなっている。

　居住形態で見ると、持ち家（一戸建て）が2.56と他を引き離して多くなっており、次いで持ち家（マンション）2.15、賃貸2.05と続き、寮・下宿・その他が1.61で最も少なくなっている。このように経済的に余裕のある層の活

動数が多くなっているのが分かる。

　20歳になるまで1ヶ所に定住していた層は1.35であるのに対し、一度でも住み替えをした層は2.57と多くなっている。また、この5年間に他地域を訪問した経験がある層は2.30であるのに対し、他地域訪問をしなかった層は1.85と少なくなっている。このように他地域居住や訪問によって様々な人や社会と接点があるほど、社会活動数も多くなっていることが分かる。

　1節で述べたが、近所・友人知人・親類親戚といった閉鎖的・同質的な集団内の結びつき（結束型ソーシャルキャピタル）が強い地域は地域の経済成長にマイナスの効果をもたらすのに対し、異質な人同士や集団間の横断的な結びつき（橋渡し型ソーシャルキャピタル）が活発な地域は経済成長にプラスの効果をもたらすことが明らかになっている[23) 24)]。社会活動の実施数に限定してもこのように既存調査結果と同様の結果が得られた。

　以上、活動数の多寡を簡単にまとめると、以下のようになる。

　　　▶高年齢・10代＞若い社会人

　　　▶女性＞男性

　　　▶既婚＞未婚

　　　▶子どもあり＞なし

　　　▶自営業＞会社員

　　　▶教育・第1次産業＞第2・3次産業

　　　▶年収多い＞少ない

　　　▶戸建て持ち家＞賃貸

　これらは、栃木県のソーシャルキャピタル調査[25)]や芝池らが倉敷市で行っ

23)　酒井才介（2011）ソーシャルキャピタルと地域経済－アンケート調査による個票データを用いた実証分析－．財務省財務総合政策研究所「フィナンシャル・レビュー」平成23年第4号（通巻第105号），p146-167.
24)　日本総研（2008）日本のソーシャル・キャピタルと政策－日本総研2007年全国アンケート調査結果報告書．53pp.
25)　栃木県総合教育センター（2014）栃木県ソーシャルキャピタルの醸成に関する調査報告書．91pp.

たソーシャルキャピタル調査[26]とほぼ同様の結果となっている。

4　潜在活動人口推計結果

　2節で述べたように、河井は、関係人口を"行動量"ではなく、"意欲量"として定量化することを提案している。すなわち意欲量（推奨意欲量、参加意欲量、感謝意欲量）に人口を乗じたものを「修正地域参画総量指標（mGAP）」として計算している。

　本節ではこの考え方を援用し、参加意思、感謝意思、推奨意思に独自に他地域応援意思を加えこの4つに関してWEB調査で把握したのち、意欲スコアが8～10の比率に活動余地率を乗じて潜在活動人口を推計した結果について紹介する。

(1) 意欲の全体的傾向

①参加意欲－高い層と低い層が拮抗－

　「自ら住む地域をよりよくするために参加する気持ち」を0~10でランク付けしたもらったところ、図4.4.1のようになった。ランク5が28.9%で最も多く、次いで7の16.0%、6の15.1%となった。スコアの平均は5.35となった。また、10から8を合計すると14.7%、5から0を合計すると54.2%となった。このように5を頂点に、高い層と低い層が拮抗している。

②感謝意欲－感謝の気持ちを持っている層が多い－

　「行動している人に 感謝する気持ち」を0~10でランク付けしたもらったところ、図4.4.2のようになった。ランク10が27.6%で最も多く、次いで8の15.6%、5の15.1%、7の13.5%と続いた。スコアの平均は7.21となった。また、10から8を合計すると51.1%、5から0を合計すると26.9%となった。

26）芝池綾・谷口守・松中亮治（2007）意識調査に基づくソーシャル・キャピタル形成の構造分析－地域の「誇り」や「信頼」がもたらす影響. 都市計画論文集,42（3）,p343-348.

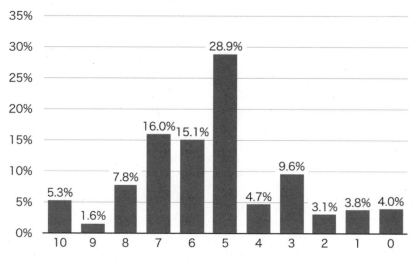

図4.4.1　参加意欲のランク別割合（全国）

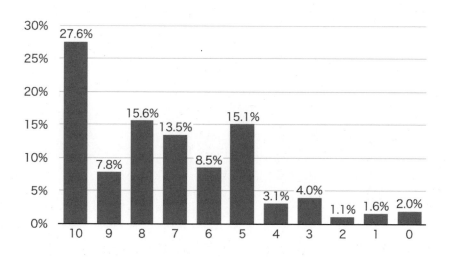

図4.4.2　感謝意欲のランク別割合（全国）

このように10を頂点にほとんどの人が感謝の気持ちを持っている傾向がある。

③推奨意欲－拮抗しているが、参加意欲よりは意欲が強い層が多い－

　「自ら住む地域を推奨する気持ち」を0~10でランク付けしたもらったところ、図4.4.3のようになった。ランク5が20.9%で最も多く、次いで7の15.5%、6の17.1%となった。スコアの平均は5.92となった。また、10から8を合計すると25.1%、5から0を合計すると14.9%となった。

　このように参加意欲と類似した傾向にあり、5を頂点に拮抗しているが、参加意欲よりは意欲が強い層が多い。

④他地域応援意欲－高い層と低い層が拮抗－

　「他の地域を応援する活動に参加する気持ち」を0~10でランク付けしたもらったところ、図4.4.4のようになった。ランク5が29.8%で最も多

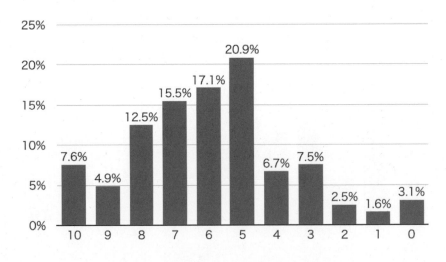

図4.4.3　推奨意欲のランク別割合（全国）

く、次いで6の14.4%、3の11.3%となった。スコアの平均は5.06となった。また、10から8を合計すると14.7%、5から0を合計すると54.2%となった。

　これまでの3つと違い、5を頂点にほぼ対照の形の分布をしており、高い層と低い層が拮抗している。

(2)　活動数と活動余地

①活動種類数－1種類と2種類の層が半数を占める－

　現状での活動数（89種類の活動のうちこの5年間で実施した種類数）を調査に回答した550名で除した割合は次頁の図4.4.5のようになった。1種類の人の割合が27%で最も多く、以下、2種類24%、3種類14%、4種類10%、5種類6%と続いている。1種類の人と2種類の人を足すと51%と半数に上る。

　このように活動への参加度が低い層が圧倒的である。

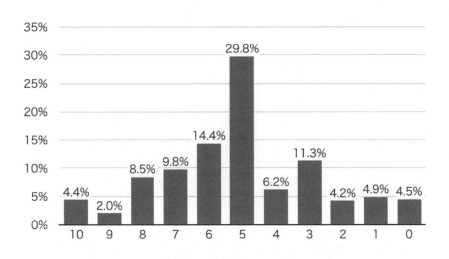

図4.4.4　他地域応援意欲のランク別割合（全国）

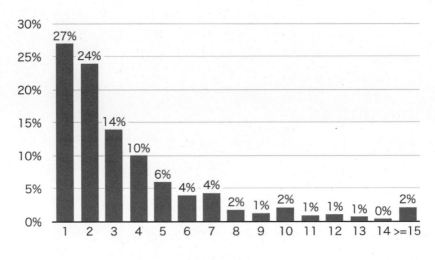

図4.4.5　活動数別割合（全国）

②活動余地率－大都市圏を有する地方ブロックで活動余地率が大きい－

　活動種類数が1と2の層が活動余地があり、3以上の人はすでに十分活動をしているので活動余地がないとみなした。この割合を地方ブロック別に見たものが図4.4.6である。最も活動余地率が大きいのは九州の60.5%であり（グラブでは数値を四捨五入）、次いで東京56.4%、近畿55.7%となっている。一方小さいのは四国33.3%、甲信越34.8%などである。

　このように大都市圏を有する地方ブロックで活動余地率が大きいことが分かる。

（3）潜在活動人口

　ここではWEB調査で得た8～10の意欲者の割合に活動余地率を乗じ、さらに、各地域の人口を乗じて潜在量を求めた。

①全体的傾向－感謝人口は全国人口の2割、推奨人口は1割、活動人口は6%－

　参加意欲＝潜在活動人口、感謝意欲＝感謝人口、推奨意欲＝推奨人口、他地域応援意欲＝他地域活動人口として求めた結果が図4.4.7である。

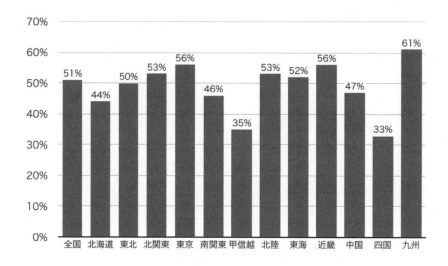

図4.4.6 活動余地率（地方ブロック別）

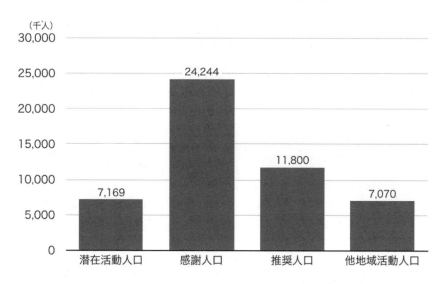

図4.4.7 意欲別人口（全国）

感謝意欲が2424万4千人と日本全体の人口の2割程度になった。次に多いのは推奨意欲の1180万人で日本の人口の1割程度である。参加意欲は716万9千人、他地域応援意欲は707万人で全人口の6%と推計された。

　このように感謝する人の約半分が自分の地域を推奨し、3割ぐらいが参加意欲があると言える。

②地方ブロック別の潜在活動人口と他地域活動人口の比較
**　　　　　－北関東、東京、近畿では他の地域で活動しようという層が多い－**
　上で述べたように、潜在活動人口と他地域活動人口は全国ではどちらも700万人程度で拮抗しているが、地方ブロック別に見ると大きく傾向が異な

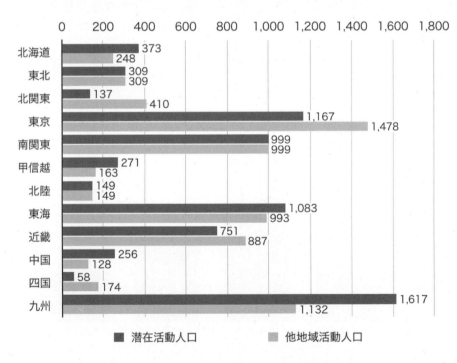

図4.4.8　地方ブロック別の潜在活動人口と他地域活動人口の比較

る。北海道、甲信越、東海、中国、九州は潜在活動人口の方が他地域活動人口よりも大きく、自分の地域で活動しようという人が多い。一方東北、南関東、北陸は両者が拮抗している（ただしこれらはサンプル数が少ない）。さらに、北関東、東京、近畿、四国は潜在活動人口よりも他地域活動人口の方が大きく、他の地域で活動しようという人が多い（ただし四国はサンプル数が少ない）。

③地方ブロック別の感謝人口と推奨人口の比較

－大都市圏では両者が拮抗、地方圏では二極化－

上で述べたように、推奨人口は感謝人口の半分程度となっているが、地方

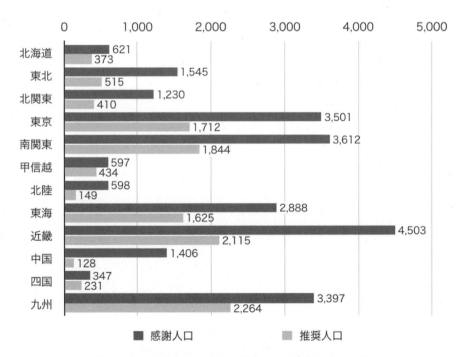

図4.4.9　地方ブロック別の感謝人口と推奨人口の比較

ブロック別に見ると大きく傾向が異なる。甲信越、四国、九州、北海道では推奨人口が感謝人口の6割を超えている。つまり自分の地域に誇りに持っている人が多い。一方北関東、東北、北陸、中国はでは推奨人口が感謝人口の3分の1を下回っており、自分の地域に誇りに持っている人が少ない傾向にある。さらに東海、南関東、東京、近畿は両者が拮抗している（ただしこれらはサンプル数が少ない）。

　このように、大都市圏では両者が拮抗しているが、地方圏では二極化していることが分かる。

(4) まとめ

　潜在活動人口推計結果についてまとめると、以下のことが言える。

●意欲については、

・参加意欲は高い層と低い層が拮抗している

・感謝意欲は感謝の気持ちを持っている層が多い

・推奨意欲は高い層と低い層が拮抗しているが、参加意欲よりは意欲が強い層が多い

・他地域応援意欲は高い層と低い層が拮抗している

●活動数と活動余地については、

・活動数の割合は活動数が1と2の層で半数を占める

・活動余地率は大都市圏を有する地方ブロックで活動余地率が大きい

●潜在活動人口については、

・感謝人口は全国人口の2割、推奨人口は1割、活動人口は6％である。

・地方ブロック別の潜在活動人口と他地域活動人口を比較すると、北関東、東京、近畿では他の地域で活動しようという層が多い

・地方ブロック別の感謝人口と推奨人口を比較すると、大都市圏では両者が拮抗し、地方圏では二極化している

　以上のことから、社会活動に参加する意欲を持った人が一定以上いることが明らかになった。そこでまず、地域住民のシビックプライドを高め、他の地域の人に自分の地域を自慢し来訪を勧めたり、社会活動への参加意欲を高めることが重要である。

　一方、他の地域を応援する意思を持った層が一定以上いることも明らかになった。そこでその層を惹き付け、活動しやすい土壌づくりが必要であると言えよう。

　また、河井の言うターゲット層を定めることが重要である。本節では分析が間に合わなかったが、個人属性別の意欲の分析により、活動意欲のある層や意欲のない層を見定めた上で、特定層に対して対応を集中させる必要があると考える。

5　活動人口の政策への活用

　以上、活動人口の推計結果について示したが、本節では活動人口を活かした持続可能な地域づくりの方向性と活動人口を増やす施策について述べる。

（1）活動人口を活かした持続可能な地域づくりの方向性

①意欲を喚起する

　前に述べたように、まず、意欲を喚起することが必要である。地域住民のシビックプライドを高めることで、他の地域の人に自分の地域を自慢し来訪をお勧めしたり、社会活動への参加意欲を高めることが重要である。また、他の地域を応援する意思を持った層を惹き付け、活動しやすい土壌づくりが必要である。活動意欲のある層とそうでない層を見定めた上で、特定層に対して対応を集中させる必要があろう。

②活動数を増やす

　活動人口の推計結果から、活動人口を増やすためには、地域住民の1人あ

たりの活動数を増加させることと、外からの応援者を増やすことの2つに分けられる。しかしそれが増えたとしても全ての種類の活動に携わる人手を確保するのは無理である。安全・安心にかかる取組など行政にしかできない分野や、現状でも将来も行政がサービスを維持できる分野よりも、地域や国際社会のニーズは高いが行政の目が行き届かない活動へ携わる人を重点的に増加させる必要がある。

外からの応援者に関しては、以前住んでいた地域や訪問した地域で社会活動を実践している傾向にあることから、まずは里帰りや観光であっても地域に来てもらう、帰って来てもらう人を増加させることが必要であろう。

③弱みを克服する

活動人口の推計結果から、いくつかの弱みがあることが明らかになったが、これを克服することが重要である。

その1つに国際的な課題解決に貢献する活動をしている人が相対的に少ないことが挙げられる。SDGsの認知度が上がっている今、国連のSDGs達成に貢献する視点を持ち、国際的な課題解決に貢献する活動を増やすことが重要であると考える。また、若い世代の活動数が少ないことも弱みであった。そのため、若い世代の行動特性を分析した上で活動できる場や機会を増やすことが必要である。さらに働き盛りの世代や会社員が時間的な余裕がないために活動数が少ないことが明らかになった。そのため、労働時間や勤務場所など働き方について分析した上でこれらの層が活動できる場や機会を増やすことが必要である。

④強みを伸ばす

一方で活動人口の推計結果から、強みもあることが明らかになったが、これを一層伸ばすこともが重要である。

まず、既婚者や子育て世代が時間的制約があるにも関わらず、活発に活動していることが明らかになった。そこでこれらの層の行動特性を分析した上

で、より活動しやすくなるよう時間や場所を工夫した機会を提供することが重要である。また、経済的に豊かな世代がより多く活動していることが明らかになったが、これらの世代も活動意思があっても時間的制約で活動できない人が一定程度いると思われるので、より活動しやすくなるよう時間や場所を工夫した機会を提供することが重要である。

　さらに、空間的制約があるにも関わらず、他地域からの応援者が多い活動があることが明らかになったため、距離が離れていても参加できるような工夫を施すことで、外から応援する人を増加させることが重要である。

(2) 活動人口を増やす施策

　ここでは、活動人口を増やす施策について、その種類といくつかの事例を示す。社会活動を直接的に支援する方策と、活動ができる下地を整備することで間接的に支援する方策の2つに分けることができる。

　また、活動には、当該地域に来て活動する場合と、当該地域の外にいて応援する場合に分けることができる。後者の例としては「○○大使」「キャンペーンクルー」など、東京などの大都市で当該地域をPRしたり、特産品を販売したりする活動や、ふるさと納税などの寄付行為が挙げられる。

　また別の観点から見れば、これらの政策を総合的・体系的に実行することも重要である。

①直接的支援－社会活動に対する支援

　社会活動の支援方策は、ヒト、モノ、カネ、情報の4つに分けることができる。
　「ヒト」、つまり人的支援については、活動についてアドバイスする専門家を派遣制度することと、協働活動のパートナーを仲介することが考えられる。前者については、自治体による派遣制度は数多くあるが、SDGsに特化した

ものも出てきている[27]。また、中小企業支援の外郭団体でもSDGs経営計画の策定支援などの派遣制度がある[28]。後に述べる市民事業提案制度においては市民活動支援センターのスタッフが事前相談に乗っている事例もある。

後者については、例えば、当該集落の自治会長を紹介したり、行政の担当部署と繋いだり、社会貢献活動に熱心な企業を紹介することが考えられる。このための仕組の事例として、SDGs未来都市に指定された自治体で設置されているSDGsに取り組む組織の登録制度（SDGsパートナーなど）や連絡組織（プラットホーム）が挙げられる[29]。

「モノ」、つまり物的支援については不動産と動産に分けられる。前者の場合、市民活動の拠点施設を設置して、執務やミーティングスペースや備品などの保管スペースを提供することがこれにあたる[30]。後者は、清掃活動の場合ごみ袋を提供したり、イベント実施時のテントや音響設備を貸し出したり[31]、景品を提供することがこれにあたる。また外からの支援の場合には、送迎など移動手段を提供することが考えられる。

「カネ」、つまり金銭的支援は活動資金を補助したり、資金的支援者を仲介役となることが考えられる。後者はふるさと納税などを通じて寄付金や出資金を行政が集め、分配することがこれにあたる。直接補助をする場合は、活動について委託したり指定管理者制度による運営委託では、どうしても行政の"下請け"になってしまう。それゆえ、市民事業提案制度のような形態が

---

27) SDGsに限った自治体の派遣制度として、例えば高知県SDGs推進アドバイザー制度がある。https://www.pref.kochi.lg.jp/press1/2021051400050/files/file_20215145203450_1.pdf, 2022年9月22日閲覧.

28) 例えば石川県産業創出支援機構では、SDGs経営において専門的な知識や経験を有する専門家を原則無料で派遣し、SDGs経営計画策定を支援している https://www.isico.or.jp/site/sdgs/expert.html. 2022年9月22日閲覧.

29) SDGsパートナーは、秋田県、神奈川県、千葉県、埼玉県、福井県、京都市、川崎市、相模原市、北九州市、豊中市、真庭市、小田原市など数多くの事例がある

30) 日本NPOセンターのホームページに全国のNPO支援センターの一覧が掲載されている。https://www.jnpoc.ne.jp/?page_id=757, 2022年9月22日閲覧.

31) 例えば神戸市垂水区の地域活動交流コーナーで貸出サービスを行っている。https://www.city.kobe.lg.jp/j39681/kuyakusho/tarumiku/keikautorikumi/chiikikatudousien.html, 2022年9月22日閲覧.

望ましいと考えられる。この場合も、あらかじめ行政側がテーマ（政策課題）や対象地区（限界集落など）を提示し、それに対する課題解決策の提案を求める場合と、市民側がフリーで提案できる場合に分けられる。しかしこの制度が最初に導入されてから約20年が経過し、行政ニーズと市民ができることのミスマッチなど、様々な課題が浮き彫りになっている[32]。公的資金を投入する手前、行政の行う提案制度は現状では前者のスキームで実施されている場合が多い。その場合、活動実績がないとダメ、法人格がないとダメ、地域内に事務所が無いとダメ、選考会や発表会を平日昼間に開催し役所に来て参加しなければダメ、といった制約をできるだけ緩和し、幅広い層が参加できるようにする工夫が必要である。

　最後に「情報」の支援である。活動のヒントとなる過去の事例や他地域の事例などの情報[33]や、行政の関連施策のより詳細な情報をホームページなどで提供することで、当該地域から遠く離れた人や休日や夜間しか時間がない人がアクセスしやすくする必要があろう。

②間接的支援－社会との接点を増やす・時間的余裕を増やす

　まず、社会との接点を増やす仕組を構築することが重要である。若い世代が社会活動に参加するには、学校教育の場において授業の中に社会活動を組み込むことが考えられる。次頁の図4.5.1は、ユネスコスクールに指定された高校221校について、2021年の報告書に掲載された社会活動を大きい順に並べたものである。人手不足と思われる地域レベルの活動や、社会人の取組の少ない国際的な活動に積極的に取り組んでいることが分かる。ユネスコスクールはこれまでESDや探求活動の先進校であったが、学習指導要領の改訂により、

---

32)　佐藤徹（2013）自治体の協働事業提案制度.『地域政策研究』（高崎経済大学地域政策学会）,15
　　（4）,p17-38.
　　柏市市民活動支援課（2018）平成30年度協働事業提案制度の見直し方針（案）. https://www.
　　city.kashiwa.lg.jp/documents/2067/h30minaoshi_1.pdf, 2022年9月22日閲覧.
33)　例えば仙台市（2018）協働事例集「協働まちづくりの実践」があげられる。仙台市では「協
　　働まちづくりの手引き」も特設ページで公開している。https://www.city.sendai.jp/kyodosuishin/
　　kurashi/manabu/npo/shingikai/kekaku/kyodo_jissen.html, 2022年9月22日閲覧.

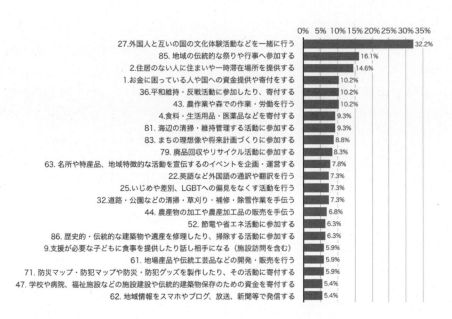

図4.5.1　ユネスコスクールに指定された高校の社会活動（2021報告書による）

ユネスコスクール以外の学校でも、全ての学校で「主体的・対話的で深い学び」を探求活動などを通じて実施しなければならなくなった。そこで教育機関と市民、企業、行政などを繋ぐ教育コーディネータの役割が重要になる。コーディネータは、地域の実情に精通しているとともに、教育機関にとって〝活動あって学びなし〟にならないように、生徒・児童の主体的学びを引き出すようなプログラムの工夫ができる専門家でなくてはならない[34]。

　一方、社会人の社会活動参加を促進するには、最大の壁は時間的余裕がないことである。そのため最も手っ取り早いのは企業ぐるみで社会活動に参加

---

[34]　岡山県では地域学校協働活動推進員（地域コーディネータ）を市町村ごとに指定しているが、例えば文部科学省の「地域との協働による高等学校教育改革推進事業」の指定を受けている岡山県立和気閑谷高校は、地域おこし協力隊や（社）まなびとのスタッフがコーディネータとしてカリキュラム開発に関わって成果をあげている。https://www.pref.okayama.jp/uploaded/life/662855_7171259_misc.pdf, 2022年9月22日閲覧.

することである。企業として社会活動に参加するには、前述のパートナー制度が有効に機能すれば促進されると思われるが、個人の自由意思で社会活動に参加するには、企業が副業を認めたり、ボランティア休暇制度を創設したり、リモートワークを認めるなどが必要で、行政が手を出しにくい。このような制度を設けた企業への優遇税制や金融機関とタイアップして低利子融資や利子補給を行うことが考えられる。

　さらに、すべての層に共通する方策として、ソーシャルキャピタルを高めることが不可欠である。他人への信頼や互酬性の意識が高い人は、地域活動に積極的に参加している人が多い。地域資源の共有意識の高い人も、社会活動に積極的に参加している[35]。そこで、やらされ感のある近隣の行事参加だけではなく、自分の関心のある事柄に気軽に楽しみながら参加できる多様なメニューを地域内外の非営利組織や企業に提案してもらい、それらを資金的に支援する制度・仕組を構築することが考えられよう。

③内と外との交流・連携の促進

　内と外との交流・連携の促進することは、シナジー効果によって活動人口を2倍にする作用があり、政策的な効果が大きいと考える。それゆえ、地域住民と来訪者がとの交流できる拠点施設の整備は重要である。また、「多目的カフェ」など拠点的な機能を持った民間施設に活動に関する情報提供や物的支援を行うことも必要と思われる[36]。

　1節で既に述べたように、地域外から大学生30名が入って海岸の清掃活動をしたとする。翌年には地元の小学生30名と一緒にこの活動をすれば、活動人口は2倍になる。それゆえ、筆者は本務先の大学の学生を連れて他地域に行き、その地域の子どもたちと交流連携して活動するプログラムを企画し

---

35) 要藤正任（2019）まちづくり・地域づくりとソーシャルキャピタル. 国土交通政策研究所政策課題勉強会

36) 田中らは東京新宿区神楽坂の喫茶店での交流がイベントなどの活動を生み出していることを明らかにしている。田中瑞季・梅崎修（2012）地域コミュニティにおけるソーシャルキャピタル－神楽坂地域の喫茶店を事例にして. 法政大学『地域イノベーション』2012年 Vol.5.

ているのである。こういった外の動きに対して、旅費の補助や移動手段の提供などの行政の後押しが薄く苦労しているのが現状である。

④活動人口を計画に位置づける

　以上述べてきた取組は、個別バラバラに実行するのではなく、総合的・体系的に実行することが重要である。そこで総合計画、地方創生総合戦略などのマスタープランにおいて、「活動人口」の概念を取り入れることが重要である。言い換えれば、移住・定住中心の政策を捨て、"住まなくてもいいから社会を支えてくれる人を増やす"ことに発想を転換することが重要と考える。

　図4.5.2に示すように、福井県長期ビジョンはこれに近い考え方を導入している。交流人口と関係人口を合わせたものを「活力人口」と定義し、定住人口を維持しつつも交流人口・関係人口を大きく拡大することで2040年には活力人口を100万人にする目標を設定している。そのために交流や住民同士の支え合いを重視した将来構想を立案している。これをさらに発展させた考え方が「活動人口」であり、居住地に関わらず社会活動を実践する人数をカウントしてそれを目標として設定することを推奨したい。

　さらに、市民との連携を施策の一分野として自治活動や市民協働支援部署に担当させるのではなく、全ての施策において市民との協働での事業実施可能性を点検し、最低でも各部署で1つは協働事業を位置づけることで、活動人口の増加を促進することが可能となる[37]。これにより、序章で述べた真のSDGsの取組"TOPIC"のうち、Partnership（パートナーシップ：協働活動）とTarget（ターゲット：具体的な目標設定）の要件を満たすことになると言えよう。

---

37)　藤内は、保健活動における望ましいソーシャルキャピタルの位置付けとして、住民組織・支援を母子保健、生活習慣病対策、特定健診・保健指導、介護予防、精神保健と横並びで考えるのではなく、これらの施策の前提と位置づける図を提案している。藤内修二(2007)ソーシャルキャピタルの醸成・活用における行政の役割．市町村保健活動の再構築に関する検討会．

〔基本目標〕

しあわせ先進モデル　活力人口１００万人ふくい

　　高速交通・物流網の早期完成により、日本海国土軸の中心に位置する本県が「国土の新拠点」に。千年を超える歴史と文化に一段と磨きをかけ、国内外から多くの人が往来。日本一の人材力・技術力を活かした新たな産業が集積し、「幸福度日本一」の質の高いくらしを実現する、新時代の活力と楽しさあふれるふくいを築きます。

※活力人口１００万人：定住人口の確保に加え、交流人口・関係人口を拡大し、内と外が活発に交わる
　　　　　　　　　　ことにより福井の活力を一段と向上

〔基本目標の考え方〕

　　様々な調査において、「幸福度日本一」と評価される総合力の高さは、他県に真似のできない本県最大の強みです。今後、北陸新幹線をはじめとする高速交通・物流ネットワークの飛躍的な向上により、本県の持つポテンシャル（潜在力）が最大化され、誰もが安心して豊かな生活を楽しみ、その魅力がさらに多くの人を惹きつける全国モデルの「くらしの先進地」になり得ると考えます。

　　住む人のしあわせを第一に、定住人口の確保を図るとともに、交流人口・関係人口を大きく拡大することにより、活力と楽しみにあふれる「活力人口１００万人ふくい」を実現します。

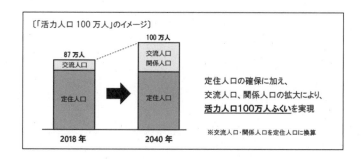

図4.5.2 福井県長期ビジョンにおける「活力人口」 [38]

38）福井県（2020）福井県長期ビジョン. 地域戦略部未来戦略課, 300pp.
　　https://www.pref.fukui.lg.jp/doc/seiki/vision2019/top_d/fil/201014vision_all.pdf, 2022年9月22日閲覧.

地方ブロック別の活動人口推計結果データをご希望の方に有料で提供いたします（税込1,000円）。
　お申込みはNPO法人環境自治体会議環境政策研究所（info.colgei@gmail.com）までメールで、件名を「活動人口データ希望」としてご連絡ください。

第5章　持続可能な地域創造ネットワーク

持続可能な地域創造ネットワークの紹介

持続可能な地域創造ネットワーク　事務局
NPO法人環境自治体会議環境政策研究所　理事長　**小澤　はる奈**

1　持続可能な地域創造ネットワークとは

　持続可能な地域創造ネットワーク（略称：地域創造ネット）は、2020年6月に環境自治体会議と環境首都創造ネットワークを母体として発足した。前身の環境自治体会議が自治体のみを会員とする組織であったのに対し、NGO/NPO、研究者等の専門家や教員などの教育関係者、学生団体、民間企業も会員資格を有する[1] マルチステークホルダー型であることが大きな特徴である。

　組織の目的・位置づけについては、規約において「本会は、持続可能な社会を地域から実現することを目的とする。本会の位置付けは、この目的のために自治体とNGO/NPO、教育研究機関、次世代のパートナーシップを深め、互いをエンパワーメントするネットワークとする。」と表記されている。環境自治体会議から持続可能な地域創造ネットワークへの移行経緯は、前号[2]を参照されたい。

　地域創造ネットの意思決定機関は、正会員で構成する総会であり、正会員種別ごとに選出された幹事により構成する幹事会において、各行事の企画など組織運営の具体的内容を協議している。幹事の互選により選出された4名

---

[1]　議決権を有する正会員は、自治体、NGO/NPO、専門家・教育関係者。学生団体会員は議決権を持たない。企業は議決権のない賛助会員として参画している。
[2]　小澤はる奈「環境自治体会議から持続可能な地域創造ネットワークへ―自治体ネットワークの発展と期待」，SDGs自治体白書2021，p150-163（2021）

表　役員一覧と事務局

種別	氏名	肩書等
幹事（自治体）	青木　秀樹	共同代表／岡山県西粟倉村長
	片山　健也	北海道ニセコ町長
	手嶋　俊樹	鳥取県北栄町長
	山田　修	共同代表／茨城県東海村長
幹事（NGO/NPO）	上田　隼也	一般社団法人インパクトラボ　代表理事
	杦本　育生	共同代表／認定NPO法人環境市民　代表理事
	原　育美	NPO法人くまもと未来ネット　代表理事
幹事（専門家・教育関係者）	杉山　範子	名古屋大学　准教授
	中口　毅博	共同代表／芝浦工業大学　教授
監査役	石川　義夫	元・足立区副区長
	松下　和夫	京都大学名誉教授
事務局	小澤　はる奈	NPO法人環境自治体会議環境政策研究所
	下村　委津子	認定NPO法人環境市民
	大西　康史	

2022年10月現在

の共同代表（自治体首長2名、NGO/NPO、専門家・教育関係者各1名）が、組織を代表する形をとっている。事務局業務については、2つの前身組織の事務局担当団体として、NPO法人環境自治体会議環境政策研究所と認定NPO法人環境市民がこれを引き継いでいる。

2　主要な活動

地域創造ネットでは、「基本的活動」として下記5つを規約に定めている。

(1) 持続可能な地域づくりの実施状況調査と調査結果のフォローアップ

会員による取組の実践状況について調査を実施し、この調査結果を基に自己診断や先行事例の相互参照ができるような仕組の構築を進めている。

2021年度は11月中旬から約1か月間、自地域内で実施・支援している、力を入れている（自治体会員以外は自身・自団体が関与している）政策や

取組の情報を募った。SDGsの12種のゴールに貢献する、14事例が収集され、ここから全国大会の話題提供を選出するなど、先進的な取組の共有に繋げることができた。

(2) 人と情報の交流

　年1回の全国大会、研修懇談会やWebミーティングの開催、会員による情報発信等を行い、先駆的な施策や活動の共有や相互にコンタクトをとれる関係性の構築を目指している。

　2021年度全国大会は、2022年2月9日・10日の2日間、ZoomとYouTube Live配信を用いたオンライン形式で実施した。会員内外から95名が参加し、複数の学生団体が事例報告や運営支援として参画した。全体会の招待講演には、中井徳太郎 環境省事務次官（当時）を講師に迎えた。参加者との意見交換にも参加していただき、各地の実践経験に基づく議論が展開された。

　研修懇談会は「第6次エネルギー基本計画及び脱炭素に向けた地域の取組」をテーマに、こちらもオンライン形式で実施した。

(3) 自治体における政策立案の支援

　上記（1）の調査結果を基に、ある自治体でニーズの高い政策課題に対して、NGO/NPO会員や専門家会員らが自らの知見・経験を活かして施策パッケージを考案するなどの動きに繋げることを想定している。現在のところ、(4)の一部プロジェクトにおいて試行的な活動が実施されている。

(4) 協働プロジェクトの実施

　会員の抱えている地域課題（ニーズ）と、事業・活動の得意分野や興味関心（シーズ）に関する情報を集約し、これを基に事務局が会員間のマッチングを支援することで協働取組を生み出すことを想定している。

　また、会員は自らが他の会員を募って実践したい個別テーマを提案することができる。この手上げ方式の「プロジェクト」の活動状況は、次節にて紹

介する。

(5) 政策提言

　組織の目的達成のため、国やその他の関係機関に対して必要に応じて政策提言や要望活動を実施することもある。

　コロナ下で開催した2020年6月の設立総会では、「ポスト・コロナ社会に向けた緊急提言及び行動宣言」[3] を議決した。2022年度通常総会では、この内容が不安定化する世界情勢の中でレジリエントな地域社会を構築する上で有用かつ必須の姿勢であるとの認識から、地域創造ネットの中期的な活動の柱として改めて位置づけた。

3　プロジェクトの活動内容

　地域創造ネットの会員が提案し、自主的に企画・運営する「プロジェクト」のうち、2021年度に一定の活動・成果が得られたものを紹介する。

(1) ユース主体のSDGs実践

プロジェクトリーダー：一般社団法人インパクトラボ　上田隼也

　中高生や大学生などの若い世代が中心となり、地域や国際社会の課題解決のための活動を実践するものである。

　2021年度全国大会では「Z世代の探究活動が切り開く持続可能な地域の未来」をテーマに、4名の学生がユースの活動事例発表を行った。その後、登壇者ごとに4つのブレイクアウトルームに分かれて登壇者から提案されたトークテーマをもとに意見交換を実施した。全国それぞれの地域で活動して

---

3)　「ポスト・コロナ社会への緊急提言及び行動宣言」地域創造ネット HP（https://www.lsin.net/works/%e3%83%9d%e3%82%b9%e3%83%88%e3%83%bb%e3%82%b3%e3%83%ad%e3%83%8a%e7%a4%be%e4%bc%9a%e3%81%b8%e3%81%ae%e7%b7%8a%e6%80%a5%e6%8f%90%e8%a8%80%e5%8f%8a%e3%81%b3%e8%a1%8c%e5%8b%95%e5%ae%a3%e8%a8%80/）

いる学生が集まったからこそ、それぞれの経験・異なる視点から課題や新たな展開について話し合うことができた。

（参考URL：https://note.com/impactlab/n/n7fa1cb112c42）

(2) SDGsツーリズム

プロジェクトリーダー：芝浦工業大学　中口毅博

　修学旅行やゼミ旅行などをターゲットに、SDGsに関して学べる場所や体験メニューを揃え、現地の若い世代が中心となってツアー客をガイドし交流する地域を形成することを目指すものである。ツアーの企画・実施プロセスを通して、地域の活性化にも繋げることも想定している。

　2021年度は芝浦工業大学、芝浦工業大学SDGs学生委員会と仁愛大学の連携により、「福井SDGsスタディツアー」を実践した。芝浦工業大学次世代SDGs研究会の主催するオンライン研究会（ツアー研究班）において、各地のSDGsツーリズムに関する事例報告を複数回実施し、情報の共有を図った。

(3) ゼロカーボン地域づくり

プロジェクトリーダー：NPO法人環境自治体会議環境政策研究所　小澤はる奈

　ゼロカーボンシティ宣言をはじめ、自治体による脱炭素の動きが進む中、地域ごとの固有事情に応じた現実的な目標設定、実現プロセスを含む戦略づくりの道筋は見えにくい。ゼロカーボンに関する様々な知見やノウハウを有する会員を繋ぎ、ゼロカーボンを目指す自治体を支援することを目的として立ち上げたプロジェクトである。

　2021年度には、9月にオンラインで第1回会合を開催した。プロジェクトの課題意識と目的を共有し、参加者が各地域で抱えている課題やプロジェクトに期待することについて意見交換を実施した。次いで10月に第2回会合として、ご当地エネルギー協会と共催でオンラインセミナーを開催し、脱炭素ロードマップの進め方、促進区域、地域事例について学習した。全国大会では、第3回会合を兼ねてグループセッションを開催した。ゼロカーボン地域

に向けた戦略づくりのツール・手法や、地域での合意形成（特に多世代・若い世代の参画促進）の実践例について5件の話題提供を得て、参加者との意見交換を実施した。

　ここまでの成果を踏まえ、現在、会員自治体におけるゼロカーボン可能性調査や、地域協議会へのアドバイスを実施している。その経験をプロジェクトメンバーと共有し、さらに他地域の支援体制を構築することを目指している。

（4）気候変動適応地域

プロジェクトリーダー：武蔵野大学　白井信雄

　気候変動適応法に基づく地域適応計画の策定が進まない、具体的な適応策の実施手法が分かりにくいという状況が続いてきた中、地域住民が中心となって適応策を展開できる仕組を構築することを目指し、環境首都創造NGO全国ネットワークと協働で実施したものである。

　2021年度は山形県、豊田市、高知市、川崎市の4ヶ所で、適応策について住民に知ってもらい、どのような行動ができるのかを考えるセミナーを実施し調査・協議・実践の結果を反映し、住民主体の適応策プログラムの施策、全国どの地域でも活用可能な映像教材の制作という成果を得た。本プロジェクトは2021年度をもって完了となった。

（5）自治体の持続可能性評価指標づくり

プロジェクトリーダー：認定NPO法人環境市民　杦本育生

　国際機関や地域社会から様々な指標が提案されているが、日本の市区町村にそのまま当てはめることは難しい。日本の自治体が持続可能な地域に向かっているかを把握するためのオリジナル指標体系の構築を目指すものである。

　指標枠組の検討からはじまり、定性的・定量的指標案の作成、指標案の適切性、データ入手可能性に関するプロジェクトメンバーによる意見交換を経

て、会員全体に向けた意見聴取を実施してきた。会員から寄せられた意見を反映して再修正案を作成した後、再度の会員からの意見募集をするなどしてブラッシュアップを進めていくこととしている。

　上記プロジェクトのうち、注記のないものは2022年度以降も継続実施となっている。各プロジェクトに関心のある方は、地域創造ネット事務局までお問い合わせいただきたい。

持続可能な地域創造ネットワーク事務局
　メール　　sdigies.net@gmail.com
　電　話　　03-3263-9206（東京事務所　環境自治体会議環境政策研究所内）
　　　　　　075-211-3521（京都事務所　環境市民内）

付録　真の SDGs 自治体度チェックリスト

　このチェックリストは、本書が提案する真の SDGs の定義 TOPIC（Target：目標設定、Outcome：アウトカム、Partnership：協働活動、Inclusion：包摂性＝誰一人取り残さない、Complexity：複合性）に沿って、「SDGs 自治体度」を 100 点満点で簡易評価するものです。

　自治体だけでなく、企業や市民団体も使えるようにしています。

　チェック項目欄の質問に該当する場合には、記入欄に配点欄にある得点を記入して下さい。ただし、1 の Target と、2 の Outcome については、該当すれば配点の列の得点すべてが入りますが、3 の Partnership、4 の Inclusion、5 の Complexity は、該当する取組・事業数が 1 つの場合は 1 点、2 つの場合は 2 点、3 つの場合は 3 点、4 つの場合は 4 点、5 個以上の場合は 5 点を記入して下さい。

No.	名称	意味	チェック項目	配点	記入欄
1	Target	ターゲット＝具体的な目標設定	数値的な目標を設定している	5	
			取組の進捗状況を把握し、内部評価している	5	
			取組の進捗状況を第 3 者が評価している	5	
			取組の結果や成果を公表している	5	
2	Outcome	アウトカム＝社会的効果	SDGs 達成に貢献することを、総合計画や方針に明記している	5	
			SDGs 達成への貢献度を数値（指標）で表わし、計画の進捗管理に活用している	5	
			日本の他地域の持続可能な発展に貢献する取組を実践している	5	
			日本の他地域の持続可能な発展への貢献度を数値（指標）で表わしている	5	
			国際社会の持続可能な発展に貢献する取組を実践している	5	
			国際社会の持続可能な発展への貢献度を数値（指標）で表わしている	5	
3	Partnership	パートナーシップ＝協働活動	地域住民や市民団体と対等の立場で協働で行うプロジェクト（取組）を実践している	5	
			行政や公的機関と対等の立場で協働で行うプロジェクト（取組）を実践している	5	
			学校や若い世代と対等の立場で協働で行うプロジェクト（取組）を実践している	5	
			取引先や異業種の企業と対等の立場で協働で行うプロジェクト（取組）を実践している	5	
4	Inclusion	包摂性＝誰一人取り残さない	事業や取組の対象を、女性や子どもに拡大したものがある	5	
			事業や取組の対象を、貧困層や障がい者に拡大したものがある	5	
			事業や取組の対象を、外国人に拡大したものがある	5	
5	Complexity	複合性＝課題の複合的な解決	環境問題と人権問題を同時に解決する取組がある	5	
			環境問題と地域経済や地域社会の課題を同時に解決する取組がある	5	
			地域経済や地域社会の課題と人権問題を同時に解決する取組がある	5	
合　　計				100	

SDGs自治体白書2022

2022年11月30日　第1版　発行

編著　中口毅博・小澤はる奈
編集協力　環境自治体会議環境政策研究所
発行　（株）生活社
　　　東京都千代田区平河町2-12-2 藤森ビル6B　〒102-0093
　　　TEL 03-3234-3844　FAX 03-6740-6516
　　　http://www.seikatsusha.com/

デザイン・装丁　橋本治樹

ISBN 978-4-902651-46-1